Motor
buch
Verlag

Alfred Price

Sie flogen die Spitfire

Der Kriegseinsatz
eines
berühmten Flugzeuges

Umschlagzeichnung: Carlo Demand
Umschlagkonzeption: Siegfried Horn

 Die englische Ausgabe ist erschienen bei Ian Allen Ltd. Shepperton, England, unter dem Titel: Spitfire at War

Die Übertragung ins Deutsche besorgte: Dr. Klaus Machold

ISBN 3-87943-643-6

1. Auflage 1980

Eine Abteilung des Buch- und Verlagshauses Paul Pietsch GmbH & Co. KG

Satz und Druck: Verlagsdruckerei Carle, 7143 Vaihingen/Enz
Bindung: Großbuchbinderei E. Riethmüller, 7000 Stuttgart 1
Printed in Germany

Inhalt

Vorwort 7
Einleitung 9
Ein Jäger wird geboren 13
Die Spitfire kommt zur Truppe 16
Erste Begegnung 26
Die Luftschlacht um England 36
Ein Tag, den man nicht vergißt 42
Die Waffenwarte 48
Circus 62 61
Um Klassen geschlagen 71
Letzte Prüfung im Werk 81
Die »Eagle« Squadron der 8th Air Force 94
Spitfire im Mittelmeerraum 105
Spitfire aus der Sicht des Aerodynamikers 120
Nur eines ist noch aufregender 135
Spitfire als Artillerieflugzeug 143
Achtung! Jabo! 149
Ein gnadenloser Feind 159
Die Spitfire als Sturzbomber
Spitfire gegen Spitfire 195
Spitfire gegen Guerillas
Stärker 209
Schwanengesang 222

Die Spitfire – das war ein Erzeugnis aus
Leichtmetall, Stahl, Gummi, Plexiglas
und vielerlei anderen Materialien.
Aber gleichzeitig war die Spitfire der
Mittelpunkt eines der interessantesten,
dramatischen Kapitel der
Luftfahrtgeschichte überhaupt.
Jenen Männern und Frauen,
die dieses Kapitel schreiben halfen,
soll dieses Buch gewidmet sein.

Vorwort

An sich fühlte ich mich natürlich geehrt, als Alfred Price mich bat, das Vorwort zu diesem Buch zu schreiben. Andererseits aber ging mir dabei zunächst auch der Gedanke durch den Kopf: »Na ja, also wieder ein Fliegerbuch mehr! Wie gehabt!«

Aber ich hatte unrecht mit meinen Befürchtungen. Schon nach wenigen Seiten schlug mich das Buch in seinen Bann und ließ mich nicht mehr los. Ich habe es in einem Zuge zu Ende gelesen: die Geschichte der Spitfire bis zum letzten – übrigens ganz ausgezeichneten – Kapitel, dem »Schwanengesang« der »Spit«.

Was dachten die meisten Engländer während des Krieges eigentlich über die Jagdflieger? Welches Bild hatten sie von ihnen? Die Spitfirepiloten, glaube ich, das waren für die meisten Briten junge, sorglose und ausgelassen in den Tag hinein lebende Burschen. Lustige und laute Biertrinker, wie man sie am Samstag abend in jedem »Pub« finden kann. So mag es vielleicht den Anschein gehabt haben.

Aber, von wenigen Ausnahmen abgesehen: so war es ganz und gar nicht! Nichts von lauter Bierfröhlichkeit. Jagdflieger zu sein, das war schon damals ein eiskaltes Gewerbe. Und jeder Luftkampf ein tödliches Katz- und Mausspiel, das nur der gewinnen konnte, der besser rechnete, schärfer kalkulierte und schneller reagierte als der Gegner. Wer nicht aufpaßte, war geliefert. Tagträumer wurden nicht alt bei diesem Job. Es erwischte sie schnell. Sie – oder den Kameraden, den sie nicht richtig deckten. Der Handel ging immer um Leben oder Tod – aber, was den Spitfirepiloten ihr Geschäft erleichterte, war die Maschine, die sie flogen. Und sie liebten ihre »Spits«. Liebten sie in der gleichen seltsamen und unerklärlichen Weise, wie Männer ihre Autos lieben. Oder Boote. Oder einfach nur einen alten Hut.

Ich selber machte meine erste Bekanntschaft mit der Spitfire an einem klaren Dezembermorgen des Jahres 1938. Die Maschine, in die ich damals kletterte, gehörte zur 19. Squadron aus Duxford. Und als ich im Cockpit saß, die Instrumente durchsah und mir die Start- und Landevorschriften durch den Kopf gehen ließ, hatte ich ein bestimmtes Gefühl, welches ich nicht mehr los wurde. »Wenn es wirklich zu einem Krieg kommt«, dachte ich mir, »dann ist das die richtige Maschine für dich. Die und keine andere!« Noch am gleichen Tage flog ich die Spitfire zum ersten Male, und was ich schon am frühen Morgen gefühlt hatte, bestätigte sich nun erneut: noch nie, seit ich fliegen gelernt hatte, war es so gewesen wie bei der Spitfire. Es war, als wären mir plötzlich Flügel gewachsen. Sie war ein Teil von mir – und ich wie ein Teil von ihr!

Als ich über ein Jahr später meine erste ›Me 109‹ aus dem Himmel über Dünkirchen holte, wußte ich endgültig, was für ein Prachtflugzeug ich da unter dem Sitz hatte. Jahr um Jahr flog ich dann die Spitfire. Sie trug mich treu und verläßlich durch die Fährnisse zahlloser Luftkämpfe. Wenn man sie brauchte, war sie da. Man konnte sie fordern und sie gab bereitwillig alles, was in ihr steckte. Und das war nicht wenig: die »Spit« – das war ein echter Vollblüter!

Was beim Lesen dieses Buches alles wieder zurückkommt – all die Erinnerungen an die vielen Kameraden, die ich gekannt habe, ans Fliegen selber und an den Geist, der uns damals alle verbunden hat – das wäre genug, um wesentlich mehr zu schreiben als bloß ein Vorwort. Vielleicht ein andermal.

Was ich hier noch sagen will, ist nicht viel. Jedenfalls: das Buch ist gut. Ein gutes Buch über ein gutes Flugzeug und über die prächtigen Männer, die es damals geflogen haben. Und Mr. Price danke ich dafür, daß ich dazu das Vorwort schreiben durfte.

Sandwich (Kent) im Januar 1974.

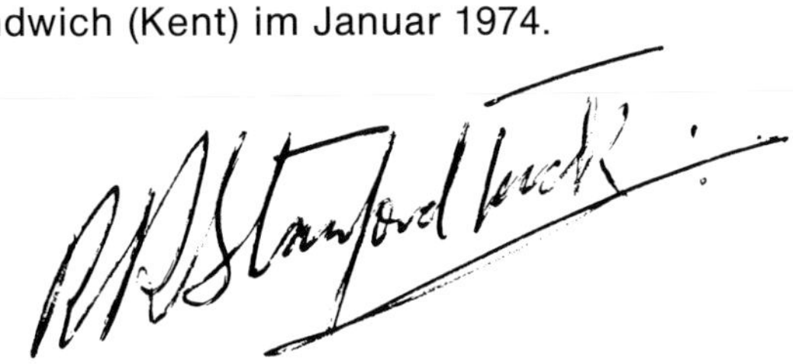

Einleitung

Es besteht wohl kaum ein Zweifel darüber, daß die Spitfire das berühmteste Flugzeug der Royal Air Force war. Wie aber kam sie eigentlich zu diesem legendären Ruf? Und warum verblassen ihr gegenüber alle anderen, vielleicht ebenso interessanten und technisch fortschrittlichen Baumuster? Für dieses Phänomen gibt es sicherlich mehrere Ursachen. Ich will versuchen, sie zu beschreiben.

Zweifellos war die Spitfire ein gutes Flugzeug. Dem Konstrukteur Reginald Mitchell war mit dieser Maschine ein großer Wurf geglückt: sie war »aus einem Guß«, einfach geglückt. Nach dem tragischen und allzu frühen Tod von Mitchell wurde der Konstrukteur Joseph Smith Chef des bei der Firma Supermarine an der Spitfire arbeitenden Technikerteams. Was immer am Originalentwurf von Reginald Mitchell noch zu ändern war: es gab keine wesentlichen Pannen, keine dramatischen Änderungen in der Planung und auch später in der Produktion nicht – die Spitfire war von Anfang an in jeder Beziehung so zufriedenstellend und weitblikkend ausgelegt, daß sie »zukunftssicher« war. Zwölf Jahre lang blieb sie in Produktion. Ein Großteil dieses Zeitraumes fällt in die Zeit des Zweiten Weltkrieges und das bedeutet, daß die Maschine in dieser Zeit praktisch ununterbrochen weiter- und höherentwickelt werden mußte, um den ständig wachsenden Anforderungen des Luftkrieges zu genügen. Auch hier hat sich die Spitfire so gut bewährt wie kaum ein anderes Baumuster der RAF. Parallel mit der technischen Weiterentwicklung der Maschine selber wurde auch an der ständigen Verbesserung der Motoren gearbeitet, welche die »Spits« antrieben: Rolls Royce »Merlin« und »Griffon« – sie waren das starke »Herz« des erfolgreichsten Jägers der RAF.

Der Motor der letzten Spitfire-Baureihen war um drei Viertel schwerer als beim ursprünglichen Prototyp. Aber auch die Leistungskraft der Motoren wuchs im Vergleich zum Prototyp auf das Doppelte. In dieser Zeit stieg auch das höchstzulässige Gesamtgewicht beim Start auf das Doppelte und die Feuerkraft der »Spitty« sogar auf das Fünffache! Neun Jahre lang – gerechnet ab dem Zeitpunkt des Erstfluges des Prototyps – blieb die Spitfire in ihrer Klasse allen vergleichbaren Baumustern der damaligen Feindstaaten grundsätzlich überlegen. Für kurze Zeit allerdings büßte die Spitfire ihre Überlegenheit ein – das war, als am Kanal die ersten deutschen Focke-Wulf Fw 190 Jäger auftauchten und die Briten für einige Zeit in die Defensive drängten. Aber wieder wurde die »Spitty« weiterentwickelt und verbessert, so daß auch diese Gefahr gebannt werden konnte. Und nach den ersten neun Jahren blieb das Baumuster noch weitere neun Jahre lang bei den Einsatzverbänden der RAF – mehr ist über die Qualität dieses Flugzeuges wohl nicht zu sagen!

Als die Produktion schließlich im Jahre 1949 auslief, waren mehr als 22000 Spitfire und Seafire von den Taktstraßen der Fabriken gelaufen. Spitfire flogen bei den Luftstreitkräften von mehr als 30 Staaten in allen Kontinenten der Erde. Mehr als 1000 Maschinen waren an die Sowjetunion geliefert worden und auch die US Army Air Force hatte etwa ebenso viele Spitfire erhalten.

Man kann die – in diesem Falle wohl wahrhaft weltgeschichtliche – Bedeutung dieses Flugzeuges nicht vollständig darstellen, ohne sich gleichzeitig auch näher mit den jeweils in Frage kommenden Baumustern zu beschäftigen, welche von gegnerischer Seite eingesetzt wurden. Das vorliegende Buch enthält daher auch die Ergebnisse von Vergleichsfliegen verschiedener Baureihen der Spitfire mit erbeuteten deutschen Messerschmitt Bf 109 und Focke-Wulf Fw 190 ebenso wie zwischen Seafire und japanischen Zeke (Zero). Der Leser wird feststellen, daß die Spitfire und Seafire in den meisten Fällen dem Gegner zumindest gleichwertig waren. Der Vollständigkeit halber und auch um zu zeigen, daß gerade in der Luftfahrt sich die Technologie sehr schnell weiterentwickelt, enthält das Buch auch einen Bericht über das Vergleichsfliegen zwischen einer Spitfire und einer hochmodernen Lightning, wie sie heute bei den Verbänden der RAF im Einsatz steht. In diesem Falle liegen – wie nicht anders zu erwarten – fast alle Werte zu Ungunsten der Spitfire.

So viel zu den objektiven Angaben. Aber neben dem Wäg- und Meßbaren gibt es noch anderes ebenso Interessantes wie Bedeutsames: die Erinnerungen jener Piloten, welche die Spitfire flogen. Praktisch alle, mit denen ich gesprochen habe, denken an die Spitfire mit Hochachtung und Stolz zurück. Und auch mit sehr viel Begeisterung.

Es ist schon richtig – auch in der Luft gibt es keinen »sauberen« Krieg. Aber weniger »schmutzig« als beispielsweise das Gewerbe der Bombenflieger ist vielleicht doch die Aufgabe des Jägers, der aufsteigt, um Heimat und Angehörige gegen die Feindbedrohung aus der Luft zu schützen.

Die Tatsache, daß die Spitfire so berühmt wurde, ist sicherlich zumindest zum Teil darauf zurückzuführen, daß sie sich tatsächlich im Einsatz bewähren konnte. Es gab und gibt auch heute noch viele Militärflugzeuge, die möglichen Gegnern durchaus überlegen sind, diese Tatsache aber – zum Glück – nicht unter Beweis zu stellen brauchen. Das sind jene Maschinen, die zum Staunen des Publikums bei verschiedenen Flugveranstaltungen am Himmel ihre Spiralen drehen oder donnernd im Tiefflug über dem Boden dahinrasen. Aber wirklich zu kämpfen und zu schießen brauchen sie nicht...

Mit der Spitfire wäre es sicherlich ähnlich gewesen, wenn der Zweite Weltkrieg nicht ausgebrochen wäre. Die Spitfire aber war damals mehr als ein technisches Waffensystem – sie war das Symbol für den Widerstandswillen und die Siegeszuversicht eines ganzen Volkes in jenen dunklen Tagen, als es sehr schlecht um Großbritannien stand. Das war es, was die Spitfire vor allem auszeichnete – und auch jene, welche sie damals flogen. Flugzeuge und Piloten: sie waren die »Retter der Nation«. Sie waren da, als man sie brauchte, um zu überleben.

Seltsamerweise ist auch in England selber die Spitfire so berühmt geworden, daß viele Menschen glauben, sie allein habe im Jahre 1940 die »Luftschlacht um England« entschieden. Das stimmt nicht: neben der Spitfire war es die Hawker Hurricane, die ganz entscheidend zum großen englischen Abwehrerfolg gegen die Luftwaffe beitrug. Die Hurricane schossen sogar mehr deutsche Flugzeuge ab als die Spitfire und waren auch rein zahlenmäßig stärker als die Spitfireverbände. Was sicher noch zu erwähnen bleibt, ist die Geschichte der Jägerasse, welche die Spitfire flogen: Männer wie »Johnnie« Johnson, Douglas Bader, Robert Stanford-Tuck und Al Deere. Alle haben ihre Erinnerungen schon selbst niedergeschrieben, und ihre Bücher zählen zu Recht zu den Klassikern der Luftfahrtliteratur. Ich habe im vorliegenden Buch bewußt nicht auf die Erinnerungen dieser Männer zurückgegriffen, sondern auf andere: auf die von bisher weitgehend unbekannt Gebliebenen, welche die Spitfire oft nicht einmal selber flogen, dennoch aber mit diesem Flugzeug in anderer Beziehung vertraut waren. Ich danke bei dieser Gelegenheit allen, die mir zum vorliegenden Band ihre Beiträge zur Verfügung gestellt haben. Es sind dies: Air Commodore Cozens, Oberst von Riesen, Group Captain Oxspring, Warrant Officer Tandy, Mr. Alex Henshaw, Mr. Ervin Miller, Mr. Frank Hercliffe, Captain Law, Wing Commander Costain, Mr. Raymond Baxter, Sir Morien Morgan, Wing Commander Middlebrook, Mr. Eric Newton und Air Vice Marshall Nicholls. Die Berichte, welches dieses Buch enthält, stammen von ihnen – ich habe sie nur niedergeschrieben. Ich danke außerdem Mr. Ronnie Mogg für die Erlaubnis zum Abdruck eines Verses aus seinem Gedicht »Fighters at Dawn«.

Bei der Auswahl der Bilder bin ich von dem Bemühen ausgegangen, die Einsätze der »Spitfire« möglichst vollständig zu erfassen und wiederzugeben und vor allem auch die ästhetische Schönheit und Eleganz dieses Baumusters zu zeigen. Gerade im letzteren Sinne sind wohl die Aufnahmen von Charles Brown wahrhaft einmalig. Es ist mir durchaus bewußt, daß die vorliegenden Fotos teilweise bereits veröffentlicht worden sind – aber sie sind von solchem beinahe künstlerischem Wert, daß jede Publikation durch ihre Aufnahme nur gewinnen kann. Das Buch enthält auch viele bisher noch nicht veröffentlichte Aufnahmen, welche mir einige gute Freunde aus ihren Privatarchiven freundlicherweise zur Verfügung gestellt haben. Ich bedanke mich an dieser Stelle besonders bei Jim Oughton, Derek Wood, Chris Shores, John Taylor, Mike Garbett, Brian Goulding, Charles Cain, Chaz Bowyer, Roger Freeman, »Jackson« Dymond, Alex Lumsden, Bob Jones und Bruse Rigglesford. Mein besonderer Dank gilt noch Ted Hooton für seine wertvollen Ratschläge und für seine geduldige Arbeit an meinem Manuskript. Und vor allem auch für die unvergeßliche Rettungsaktion in einer kalten und stockdunklen Nacht... Nicht vergessen will ich auch Mike Brooke, von dem die Zeichnungen stammen. Und schließlich gilt mein Dank noch meiner Frau Jane, deren häusliches Wirken erst jene Bedingungen schafft, unter denen man wirklich Bücher schreiben kann.

Alfred Price

K
5054
K5054

Ein Jäger wird geboren

Unten: Reginald Mitchell, der als Chefkonstrukteur bei Firma Supermarine tätig war und in dieser Funktion auch das Konstruktionsteam für die Spitfire leitete. Mitchell, zuletzt immer mehr von Krankheit geplagt, starb im Juni 1937 im Alter von erst 42 Jahren. Zu diesem Zeitpunkt war die erste Spitfire praktisch fertiggestellt.

Rechts: Am 22. März 1937 startete der Spitfire Prototyp vom Flugplatz Martlesham Heath aus zu einem Versuchsflug. Es ging dabei um die praktische Erprobung der Höhenruderfunktionen bei extremen Flugbedingungen, unter denen ursprünglich heftige Rudervibrationen festgestellt werden mußten. Beim Versuchsflug am 22. März fiel der Öldruck plötzlich zurück und der Motor begann unrund zu laufen. Der Pilot stellte daraufhin den Motor ab und setzte die wertvolle neue Maschine so geschickt auf dem Wiesenboden neben der Straße von Woodbridge nach Bawdsey auf, daß die Spitfire keinen wesentlichen Schaden nahm und leicht wieder instandgesetzt werden konnte. Die nachfolgende Untersuchung ergab, daß am Motor einige Verbindungsstücke abgerissen waren und das Motorgehäuse durchschlagen hatten. Als Ursache kam nur mangelnde Ölzufuhr beim Auftreten von negativen Beschleunigungen in Frage und aus diesem Grund wurde das komplette Schmiersystem am Merlin Motor abgeändert.

Links: Der Prototyp der Spitfire in seiner ursprünglichen Form. Das Foto wurde wahrscheinlich vor dem ersten Flug auf dem Flugplatz von Eastleigh in der Nähe von Southampton am 5. März 1936 aufgenommen. Zu diesem Zeitpunkt war die Maschine noch nicht mit einem Tarnanstrich versehen, es fehlen außerdem die Fahrwerksverkleidungen. Die Waffen sind ebenfalls noch nicht eingebaut, und man erkennt nur außen am linken Flügel das Rohr des Staudruckmessers.

Unten: Eine der schönsten Spitfire-Aufnahmen überhaupt. Das von Charles Brown stammende Foto zeigt den Prototyp im Herbst 1937 nach fertiger Umrüstung auf den Mark I (erste Serienbaureihe)-Standard. Die für die Mark I-Serie so charakteristischen drei starken Auspuffstutzen an jeder Seite des Motors sind gut sichtbar.

Die Spitfire kommt zur Truppe

Von Air Commodore Henry Iliffe Cozens

Henry Cozens an der Spitze von sechs Spitfire. Die offizielle Aufnahme wurde am 31. Oktober 1938 von einer Blenheim aus gemacht. Die Squadron (Staffel)-nummer an den Leitwerksflossen wurde kurz vor dem Flug aufgespritzt und wenig später wieder entfernt.

19

Unten: Die 19. Squadron erhielt ihre erste Spitfire (Seriennummer: K 9789) am 4. August 1938. Die Maschine blieb bis 1941 bei der Squadron und ging dann an die Operational Training Unit (OTU) Nr. 61 (Ausbildungsverband Nr. 61). Anfang 1943 kam die Maschine von dort an eine technische Ausbildungsschule und wurde schließlich im Jahre 1945 verschrottet.

Rechts: 4. Mai 1939: »Tag der offenen Tür« bei der 19. Squadron in Duxford, wo zum ersten Male die neue Spitfire öffentlich gezeigt wurden. Um diese Zeit trugen die Flugzeuge zur Erkennung die Squadronnummer nicht mehr an den Seitenleitwerksflossen, sondern zum gleichen Zweck eine Buchstabenkombination (hier: »WZ«) an beiden Rumpfseiten. Die ursprünglich weißen und gelben Teile der Hoheitsabzeichen auf dem Rumpf und an den oberen Tragflächenteilen sind nun blau bzw. rot. Von Interesse sind noch der auf dem Rumpfoberteil etwa in der Mitte zwischen Propeller und Kabinenfrontscheibe an der ersten Maschine deutlich sichtbare Visierstachel und die Mündungstrichter der Browning MG in der Tragflächenvorderkante. Die dritte und die vierte Maschine in der Reihe haben bereits ausgebuchtete Kabinendächer. (Der Zweck dieser Neueinführung lag nicht, wie oft behauptet wird, in einer angestrebten Sichtverbesserung nach hinten, sondern es sollte dadurch den Piloten in den niederen Kabinen mehr Bewegungsfreiheit für den Kopf gegeben werden.) Deutlich sichtbar in der Mitte der rechten Tragfläche der vordersten Maschine ist auch das aufgestellte »Pedal« als optische Anzeige für »Landeklappen ausgefahren«. Die Kabinenfrontscheiben sind noch ungepanzert und die Antennenmaste dünner als bei den späteren Serienmaschinen. Die gut gelungene Aufnahme stammt von Charles Brown.

ganzen Rumpf entlang bis in die Nähe des Spornrades, wo es dann im Fluge nach hinten wegspritzte.
Für die Piloten besonders unangenehm war der sogenannte »Spitfireknöchel«: wenn man das Fahrwerk mit dem rechts im Cockpit befindlichen Hebel der hydraulischen Handpumpe nach oben pumpte, lief man ständig Gefahr, sich den Handknöchel wund zu schlagen. Zusätzliche Probleme hatten außerdem die größer gewachsenen Piloten: sie schlugen sich regelmäßig am überaus niederen Kabinendach der Spitfire die Köpfe an.
Als wir etwa 200 Flugstunden auf unseren »Spitfires« zurückgelegt hatten, hatte ich ein Gespräch mit Squadron Leader Fuller-Good, der die 66. Squadron kommandierte. Wir kamen übereinstimmend zur Überzeugung, daß wir unsere Spitfire in beiden Squadrons nun eigentlich bereits ausreichend erprobt hatten. Neue Erkenntnisse gab es sicherlich kaum mehr zu gewinnen, und wenn tatsächlich bald wieder ein Krieg ausbrechen sollte, konnte man wohl getrost von den Erfahrungen des Ersten Weltkrieges ausgehen: daß ein Jagdflugzeug tatsächlich auch nur annähernd 400 Flugstunden an der Front überlebte, war bereits damals eine unwahrscheinliche Seltenheit gewesen. Natürlich konnten wir unsere beiden Spitfire trotzdem noch pausenlos weiterfliegen, so lange sie es aushielten – aber es war eigentlich völlig sinnlos. Also verfaßten Fuller-Good und ich gemeinsam einen vorläufigen Erfahrungsbericht und sandten ihn ans Luftfahrtministerium. Wenige Wochen später bekamen wir hohen Besuch: Herren vom Air Ministry, vom Hauptquartier des Fighter Command, von der Firma Supermarine, von Rolls Royce und von verschiedenen anderen interessierten Dienststellen.
Wir besprachen unsere Erfahrungen eingehend mit allen zuständigen Herren, und man versprach uns, möglichst schnell für die Beseitigung der von uns festgestellten Mängel zu sorgen. Besonders der schon beschriebene »Spitfireknöchel« – ich hatte damals gerade selber die Hand bandagiert – beeindruckte offenbar die Supermarine-Leute ziemlich stark. Die von uns kritisierten Unzulänglichkeiten wurden dann tatsächlich allmählich beseitigt: die Spitfire bekam einen leistungsstärkeren elektrischen Anlasser, und das Kabinendach wurde ausgebuchtet, so daß die Piloten mehr Bewegungsfreiheit gewannen. Schwieriger war schon die Sache mit dem ständigen Ölverlust. Es dauerte längere Zeit, bis der Rolls Royce Merlin entsprechend abgeändert wurde, aber eine Ideallösung war auf diesem Gebiet auch später offenbar überhaupt nicht zu finden. Der »Spitfireknöchel« dagegen gehörte zum Glück bald der Vergangenheit an: bei den späteren Maschinen der Baureihe Mark I wurde die hydraulische Handpumpe für das Fahrwerk durch eine Motorpumpe ersetzt und die lästige und gelegentlich auch schmerzhafte Arbeit des Pumpens von Hand entfiel damit.
Auch mit den Luftschrauben wurden eingehende Versuche durchgeführt. Zunächst war die Spitfire mit einem zweiblättrigen, nicht verstellbaren Holzpropeller ausgerüstet, der im hohen Geschwindigkeitsbereich durchaus zufriedenstellend war. Bei geringeren Geschwindigkeiten und besonders beim Start aber war der Zweiblattpropeller völlig ungenügend. Man versuchte es zunächst mit einem starren Dreiblattpropeller, der aber ebenfalls nicht entsprach. Dann kam ein Dreiblattpropeller mit zweifacher Verstellung für Start und Flug. Das befriedigte wiederum nicht. Wie leicht konnte man damit überaus unangenehme Erfahrungen machen! Letzten Endes gab es nur eine Lösung: den Dreiblattpropeller mit automatischer

Verstellung. Anfang 1939 flog ich erstmals eine mit einer derartigen Luftschraube ausgestattete Spitfire und ich muß sagen, daß sich die Leistung der Maschine mit dem neuen Vielfachverstellpropeller in jedem Geschwindigkeitsbereich eindeutig verbessert hatte. Bis zum Beginn der »Luftschlacht um England« waren zum Glück für das Fighter Command alle zur Verfügung stehenden Spitfire mit den neuen Propellern ausgerüstet.
Im Spätsommer und Herbst 1938 bekamen wir durchschnittlich pro Woche eine neue Spitfire und erst knapp vor Jahresende hatte meine Squadron schließlich alle ihre 16 Maschinen.
Wir gaben unsere Gauntlet erst ab, nachdem die Squadron vollständig auf Spitfire umgerüstet war. Bis zu diesem Zeitpunkt flogen wir auch die Gauntlet noch gelegentlich.
Jeffrey Quill, der Cheftestpilot von »Supermarine« kam damals recht oft nach Duxford und erkundigte sich, wie wir mit unseren Spitfire zurecht kamen. Immer wieder kam er bei solchen Gelegenheiten auf die Landeklappen zu sprechen. »Glauben Sie nicht, daß die doch etwas zu groß geraten sind?« fragte er mich oft. Er hatte nicht unrecht – andererseits aber ... »Früher oder später wird man alle möglichen Dinge an diesem Flugzeug aufhängen« sagte ich zu ihm. »Ich weiß zwar nicht, was, aber Sie werden schon sehen. Und außerdem wird Supermarine die Spitfire ja noch stärker machen, nicht wahr? Leichter wird die Maschine dadurch ja wohl auch nicht werden!« Dagegen konnte auch Mr. Quill nichts sagen und wir ließen die Landeklappen also so, wie sie waren. Das war gar nicht so schlecht: die letzten Spitfire Baureihen waren schließlich doppelt so schwer wie die ersten Mark I-Maschinen – und die Landeklappen behielten trotz dieser Entwicklung ihre ursprüngliche Größe bei.
Als die ersten Spitfire in Duxford ankamen, hat-

Sechs Piloten der 19. Squadron.
Von links nach rechts: Flying Officers Pace, Robinson, Clouston, Banham, Ball und – im Sessel sitzend – Thomas.

Am 3. November 1938 verlor die 19. Squadron ihre erste Spitfire (Seriennummer: K 9792). Als die von Pilot Officer G. Sinclair geflogene Maschine landete, brach die Radachse am linken Fahrwerksbein ab und die Maschine überschlug sich. Der Pilot, dessen Erstflug mit der Spitfire so überraschend heftig geendet hatte, blieb bei dem Unfall unverletzt.

Das Cockpit der Mark I im Detail

1. Visier
2. Tachometer
3. Künstlicher Horizont
4. Variometer
5. Tourenzähler
6. Ladedruckmesser
7. Kraftstoffdruckmesser
8. Öldruckmesser
9. Öltemperaturanzeige
10. Kühlertemperaturanzeige
11. Kursanzeiger
12. Wendezeiger
13. und 14. Kraftstoffanzeige
15. Beschleunigerpumpe
16. Gemischwahlhebel
17. Kraftstofftankhebel
18. Waffenknopf
19. Konsole für Magnetkompaß (Der Kompaß ist auf der Abbildung nicht eingezeichnet!)
20. Hydraulische Handpumpe
21. Fahrwerkshebel
22. FT-Anschluß
23. Steuerknüppel
24. Ruderpedale

Rechts: Bei der Spitfire mit der Seriennummer K 9787 wurden versuchsweise neue Auspuffstutzen eingebaut, um die besonders bei Nacht stark sichtbaren Auspuffflammen besser zu dämpfen. Die neuen Auspuffstutzen bewährten sich zwar grundsätzlich, man verzichtete aber schließlich doch auf ihren serienmäßigen Einbau.

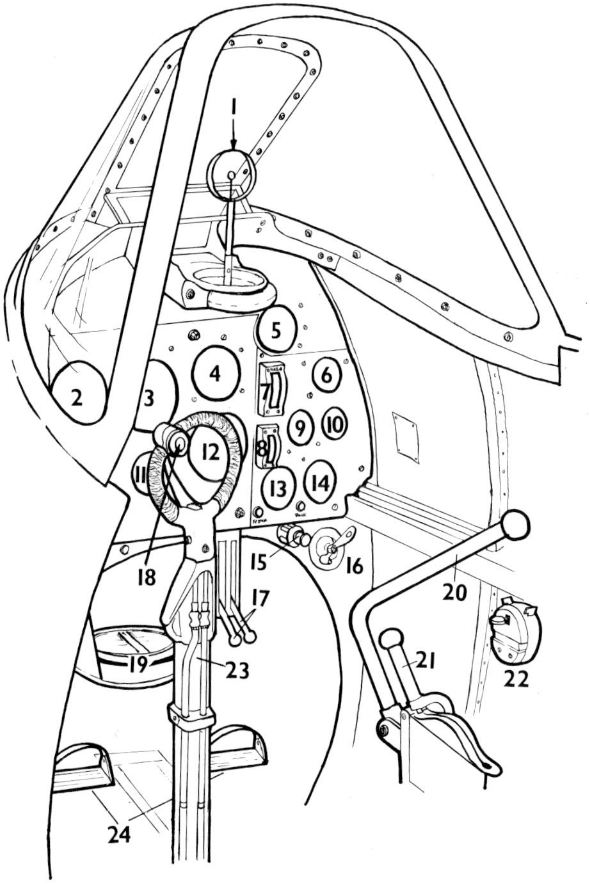

ten sie noch keine Bewaffnung. Die Maschinengewehre wurden dann im Laufe der folgenden Monate allmählich eingebaut. Ich selber habe die Bewaffnung der Spitfire erstmals am Luftzielschießplatz von Sutton Bridge am 3. November 1938 erprobt. Es war ein Nachtflug und ich war auf das übliche Mündungsfeuer vorbereitet. Als ich aber dann tatsächlich »aufs Knöpfchen« drückte – was für ein Schauspiel! Ein wahrer Feuerzauber: über drei Meter lange Feuerzungen schlugen aus den Maschinengewehrmündungen in den Tragflächen. Und der Rückstoß der acht schnellschießenden Browning war so gewaltig, daß man hätte meinen können, es hätte plötzlich jemand in der Luft die Bremsen an der Spitfire angezogen. Das war etwas anderes als unsere beiden lahmen Vickers MG in der alten Gauntlet! Als ich im Januar 1940 von Duxford zu einem Stab versetzt wurde, hatte die RAF schon mehr als ein Dutzend voll mit Spitfire ausgerüstete Squadrons und weitere waren in der Umrüstung. Wir von der 19. Squadron hatten zusammen mit der 66. das neue Flugzeug bei den Einsatzverbänden praktisch erprobt. Darauf bin ich noch heute stolz – und besonders stolz auch deshalb, weil wir damals bei der Umrüstung der gesamten Squadron nicht einen einzigen Mann verloren haben.

Unten: Drei neue Spitfire beim Start von Eastleigh aus. Bis zum 3. September 1939 (Kriegserklärung Großbritanniens) erhielt die RAF insgesamt 306 Spitfire. 187 Maschinen davon gingen zu Einsatzverbänden. 71 Maschinen wurden entweder in Reserve gehalten oder waren wegen technischer Um- und Zubauten nicht unmittelbar einsatzbereit. 11 Maschinen blieben für Versuchszwecke beim Hersteller oder bei verschiedenen Versuchsanstalten, und eine Maschine befand sich bei einem Trainingsverband. 36 Maschinen waren bis dahin schon bei Unfällen etc. verlorengegangen.

Erste Begegnung

Von Oberst Horst v. Riesen

Spitfire der 603. Squadron. Die 603. Squadron war die erste Einheit, welche mit Spitfire einen Feindabschuß erzielte.

Am 16. Oktober 1939 stiegen Spitfire der 602. und 603. Squadron zur Abwehr eines deutschen Luftangriffes über dem Firth of Forth auf. Der kleine deutsche Kampfverband hatte es offenbar auf die im Firth of Forth liegenden Einheiten der Royal Navy abgesehen. Der erste Kriegseinsatz der Spitfire verlief erfolgreich: zwei deutsche Bomber wurden abgeschossen, einer davon von Squadron Leader E. Stevens, dem Kapitän der 603. Squadron. Während des Einsatzes meldeten die Pilot Officers Morton und Robertson von der 603. Squadron Feindberührung mit einer als He 111 identifizierten Feindmaschine über Rosyth. Die beiden Jäger verfolgten den Deutschen in niederer Höhe bis weit über See und brachen den Kampf schließlich ab, als »der rechte Motor des Deutschen nicht mehr lief«. Tatsächlich war der deutsche Angriff nicht von He 111, sondern von Junkers Ju 88 geflogen worden. Horst von Riesen weiß über den Einsatz genau Bescheid, denn er hat ihn damals auf deutscher Seite mitgeflogen. Hier ist sein Bericht: Im Herbst 1939 tat ich als junger Leutnant bei der I. Gruppe des Kampfgeschwaders 30 Dienst. Die Gruppe lag damals in Westerland auf der Insel Sylt und war als erster und einziger Verband der Luftwaffe zu dieser Zeit bereits mit der Junkers Ju 88, einem schnellen Sturzkampfflugzeug ausgerüstet.
Zunächst blieben wir bei unseren Einsätzen immer außerhalb der Reichweite der englischen Abwehr, aber schon am 16. Oktober 1939 machte ein Aufklärer den Schlachtkreuzer Hood an der Einfahrt zum Firth of Forth aus. Wir erhielten Einsatzbefehl. Die Hood durfte aber nur in offenen Gewässern angegriffen werden; wenn wir das Schiff im Hafen liegend antrafen, sollten wir entweder Ersatzziele anfliegen oder mit den Bomben an Bord wieder zum Heimatort zurückkehren. Damals wurde der Luftkrieg noch recht zögernd und vorsichtig geführt, und man wollte auf jeden Fall Verluste unter der Zivilbevölkerung vermeiden.
Nach Abschluß aller Vorbereitungen starteten schließlich neun Besatzungen am 16. Oktober 1939 zum Feindflug. Als wir über dem Firth of Forth ankamen, fanden wir die Hood schon im Dock liegend – also durften wir das Schiff nicht mehr angreifen. Östlich der Brücke über den Firth of Forth entdeckten wir allerdings einige kleinere Kriegsschiffe und ich beschloß, mir eines davon vorzunehmen. Ich griff im Sturzflug an, warf aber daneben. Als ich nach dem Sturzflug wieder hochzog, kam plötzlich vom Bordfunker die gefürchtete Alarmmeldung: »Jäger hinter uns. Entfernung etwa zwei Kilometer. Stoßen auf uns herunter!« Ich blickte in die angegebene Richtung und sah auch schon die Feindjäger. Jetzt mußte unsere Ju 88 alles hergeben, was sie an Geschwindigkeit besaß! Ich gab Vollgas, drückte die Maschine weit zur Wasseroberfläche herunter und machte, daß ich wegkam. Aber es war sinnlos. Die Spitfire – als solche hatten wir die Feindjäger bald identifiziert – flogen uns aus der Überhöhung mit weit

Links: Er focht am 16. Oktober 1939 den ersten Luftkampf gegen englische Spitfire aus: Leutnant Horst v. Riesen (auf dem Photo als Oberleutnant).

Rechts: Kampfflugzeug Junkers Ju 88. Bei den von den Spitfire Piloten während des Luftkampfes am 16. Oktober 1939 als »Heinkel 111« identifizierten deutschen Kampfmaschinen handelte es sich in Wirklichkeit um Ju 88. Zwei deutsche Kampfflugzeuge wurden abgeschossen und andere – darunter auch die Maschine von Leutnant Horst v. Riesen – beschädigt.

Anfang 1940: Spitfire I der 74. Squadron auf dem Flugplatz von Hornchurch. Die dritte Maschine von links ist offenbar erst knapp vor dem Entstehen der Aufnahme geliefert worden, weil die Einheitskennung (Buchstabenkombination) auf dem Rumpf noch fehlt.

4. März 1940: Flight Lieutenant Wilfred Clouston von der 19. Squadron neben seiner auf der Rennbahn von Newmarket notgelandeten Spitfire. Clouston hatte sich auf einem Einsatz befunden, als sein Nebenmann zu knapp heranflog und mit seinem Propeller das Seitenruder von Cloustons Spitfire fast vollstandig zerfetzte. Trotz der schweren Beschädigungen setzte Clouston, der später wäh-

überlegener Geschwindigkeit an und holten schnell auf. Während wir noch knapp über dem Firth of Forth in Richtung zum offenen Meer hinausjagten, sah ich das Mündungsfeuer der Flakbatterien am Ufer, die sich ebenfalls auf uns einschossen.

Fast hatte ich die Hoffnung schon aufgegeben: von allen Seiten wurden wir beschossen, und die Spitfire hinter unserer Ju 88 drehten zum Angriff ein. Wir flogen mit einer Geschwindigkeit von etwa 400 km/h – das mußte sicherlich auch unsere Verfolger überraschen – und ich machte außerdem ständig Abwehrbewegungen, um den Spitfire das Zielen zu erschweren. Ich erinnere mich noch genau daran, daß ich mich über die vielen Wasserspritzer unten auf der Meeresoberfläche gewundert habe – in Wirklichkeit waren es die Einschläge der Maschinengewehrgarben aus den hinter uns hängenden englischen Jägern!

Trotz aller Hoffnungslosigkeit wußte ich doch, daß die Zeit für uns arbeitete. Meine Ju 88 legte in jeder Minute 7 Kilometer zurück – das bedeutete, daß sich die Spitfire pro Minute um diese Distanz von ihrem Heimatflugplatz entfernten. Und die Benzinvorräte in den Tanks der Engländer waren nicht unbeschränkt... Aber schließlich geschah das Unvermeidliche: nach einer Hetzjagd von mehr als 20 Minuten gab es einen plötzlichen Schlag und unser rechter Motor war unvermittelt in eine Wolke von Wasserdampf gehüllt. Die Spitfire hatten den Kühler getroffen, die Kühlflüssigkeit floß aus. Ich mußte den Motor sofort abstellen, sonst hätte er zu brennen begonnen.

Unsere Geschwindigkeit fiel jetzt auf 180 km/h. Das war so wenig, daß ich die nun mit einem Motor knapp über der Wasseroberfläche dahinfliegende Maschine kaum in der Luft halten konnte. Jetzt war ich die sprichwörtliche »lahme Ente« – dem Gegner wehrlos preisgegeben. Aber als ich mich umblickte, waren die

Spitfire verschwunden. Sie hatten abgedreht und waren offenbar zu ihrem Heimatplatz zurückgeflogen.
Es war wie ein Wunder, aber noch waren wir nicht gerettet. Angeschossen, wie wir waren, brauchten wir noch mindestens vier Stunden bis nach Westerland. Schon in der Ausbildung hatten wir gelernt, daß die Ju 88 mit nur einem Motor nicht lange in der Luft zu halten ist. Sollten wir also notwassern? Ich verwarf den Gedanken gleich wieder: es wurde bereits dunkel und bis man uns auffischte, wären wir vielleicht alle schon längst erfroren oder sogar überhaupt bereits ertrunken. Wir konnten aber auch nach Schottland zurückfliegen und dort notlanden... Ich schlug das meiner Besatzung über das FT vor, aber einer – ich weiß nicht, wer es war – rief gleich: »Nein, nur das nicht. Wenn wir zurückfliegen, haben wir wieder die Spitfire am Hals!« Er hatte recht. Der Gedanke, nochmals in dieses Hornissennest zu fliegen, war einfach entsetzlich. Also entschlossen wir uns, in Richtung Sylt weiterzufliegen. Wir wollten lieber erfrieren oder ertrinken als nochmals den Spitfire in die Quere kommmen.
Da unser Kraftstoffvorrat während des Rückfluges immer geringer wurde, wurde auch die Ju 88 immer leichter und ich konnte allmählich sogar ein wenig Höhe gewinnen. Der unbeschädigt gebliebene Motor hielt tadellos durch, obwohl er die ganze Zeit über mit Vollgas lief. Und am Ende schafften wir es tatsächlich: wir kehrten mit der waidwunden Maschine sicher nach Sylt zurück.
So also habe ich damals meine erste Begegnung mit Spitfire erlebt und zum Glück auch überlebt. Ich bin ihnen dann noch oft während der »Schlacht um England«, im Mittelmeerraum und während der Invasion Siziliens begegnet und ich muß sagen, daß ich diese Begegnungen wohl nicht gerade zu den angenehmsten meines Lebens zählen kann!

rend der »Luftschlacht um England« zwölf Abschüsse erzielte, seine Maschine sicher auf dem Boden auf.

Unten: Paris – Le Bourget am 16. Mai 1940: Diese wahrhaft historische Aufnahme zeigt die Flamingo, mit welcher der britische Premier Winston Churchill zu Verhandlungen mit dem französischen Premierminister nach Frankreich gekommen war. Bei den britisch-französischen Gesprächen ging es damals um die Entsendung von weiteren britischen Jagdverbänden zur Luftverteidigung während der deutschen Westoffensive. Im Hintergrund sind die Spitfire der »Blue Section« der 92. Squadron zu erkennen. Die Squadron hatte den Jagdschutz der Flamingo während des Überfluges über den Kanal sicherzustellen.

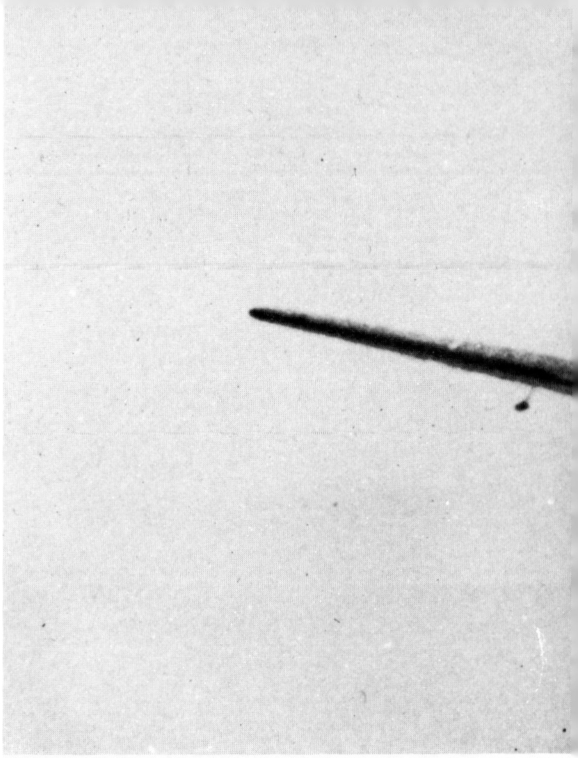

Eine Spitfire I der 54. Squadron. Diese von Pilot Officer Colin Gray geflogene Maschine war eine der ersten mit Vielfachverstell-Luftschraube ausgerüsteten Spitfire.

Gleichwertige Gegner

Da die britischen Spitfire Squadrons zwischen September 1939 und Mai 1940 ausschließlich auf den britischen Inseln stationiert blieben, kam es in dieser Zeit nicht zu Luftkämpfen zwischen den englischen Jägern und ihren späteren Hauptgegnern, den deutschen Messerschmitt Bf 109. Das änderte sich schnell, als am 10. Mai 1940 die deutsche Westoffensive mit gleichzeitigen Vorstößen über Holland, Belgien und nach Frankreich begann. Der deutsche Westfeldzug verlief dann allerdings mit solcher Schnelligkeit, daß die Spitfire Verbände praktisch nicht mehr auf das europäische Festland verlegt zu werden brauchten, sondern trotz ihrer an sich nicht sehr großen Reichweite ohne Schwierigkeiten Einsätze von südostenglischen Basen aus fliegen konnten.

Am 12. Mai 1940 flogen die Spitfire der 66. Squadron erstmals einen Einsatz über Den Haag – und von diesem Zeitpunkt an traten die englischen Jäger in ständig wachsender Zahl gegen die im Westfeldzug angreifende deutsche Luftwaffe auf. Damit kam es erstmals auch zu Luftkämpfen zwischen der Spitfire und der deutschen Messerschmitt Bf 109E, mit welcher damals die deutschen Tagjagdverbände ausschließlich ausgestattet waren. Die Luftkämpfe verliefen zunächst meist unentschieden, man »tastete« einander ab und es stellte sich bald heraus, daß die Bf 109E und die Spitfire einander etwa gleichwertig waren.

Schon im Mai 1940 wurde eine erbeutete Bf 109E von den Briten zu einem Vergleichsfliegen mit der Spitfire nach Farnborough gebracht. Das Vergleichsfliegen und die Scheinluftkämpfe wurden genau im voraus geplant: zunächst flog die Bf 109E in 1800 Meter Höhe vor dem britischen Jäger her und mußte versu-

Jagdeinsitzer Messerschmitt Bf 109E. Im Jahre 1940 waren alle deutschen Tagjagdverbände mit Flugzeugen dieses Baumusters ausgestattet.

chen, den Briten im Geradeausflug und mit Vollgas fliegend abzuschütteln, dann waren drei bis vier Steilkurven in jede Richtung zu fliegen und schließlich mußte die Bf 109E im Sturz- und Steigflug dem »Gegner« zu entkommen trachten.

Nach Abschluß dieses Programmteiles setzte sich die Spitfire vor den deutschen Jäger und mußte nun die gleichen Figuren fliegen wie zuvor die Bf 109E. Nach Absolvierung dieses genau festgelegten Programmes folgte noch ein kurzer »freier Luftkampf«, dessen Ausführungsart den beiden beteiligten Piloten überlassen blieb.

Es stellte sich heraus, daß beide Maschinen im Geradeausflug einander etwa gleichwertig waren. Während des Kurvenfluges, der mit Geschwindigkeiten zwischen 140 und 350 km/h durchgeführt wurde, blieb die Spitfire ebenso am Feind wie im nachfolgenden Sturzflug. Im steilen Steigflug dagegen war die Bf 109E im Vorteil: wenn sie aus dem Sturzflug dagegen mit geringer Geschwindigkeit, aber im steilen Winkel hochzog, konnte sie die Spitfire abhängen. Die Spitfire flog zwar schneller, aber sie konnte den steilen Steigwinkel der Bf 109E nicht mithalten. Wenn die Spitfire aber dennoch – was selten genug gelang – dem deutschen Jäger im Steigen folgen konnte, war es jedenfalls unmöglich, die Bf 109E in diesem Stadium des Luftkampfes im Visier zu halten.

Im mittleren Geschwindigkeits- und Höhenbereich konnte die Spitfire dagegen die verfolgende Bf 109E ohne weiteres auskurven. Außerdem war es der englischen Maschine jederzeit möglich, der hinter ihr fliegenden Messerschmitt nach einem aus einer halben Rolle heraus geflogenen Sturzflug im anschließendem Hochziehen sicher zu entkommen. Das war eine Flugfigur, welche der deutsche Jäger fast niemals mitmachen konnte: wenn die Bf 109E aus der halben Rolle heraus der Spitfire im

Sturzflug folgte, wurde der Steuerdruck der deutschen Maschine schnell so stark, daß der »deutsche« Pilot der wieder hochziehenden Spitfire kaum jemals rechtzeitig nachkam. Dieser Vorteil wirkte sich allerdings nur aus, wenn am Knüppel der Spitfire ein wirklich routinierter Könner saß, der die Belastbarkeit der Maschine genau einzuschätzen vermochte. Wenn der britische Pilot mangels Erfahrung und aus Furcht, vielleicht selber unerwartet ins Trudeln zu geraten, die Maschine in engen Kurven nicht bis an die Grenze zum »Abschmieren« flog, blieb die verfolgende Bf 109E ohne weiteres »dran« und konnte auch in dieser Phase des Kampfes die Spitfire treffen und abschießen.
Es kommt im Luftkampf allerdings nicht nur auf die Manövrierfähigkeit der Maschinen bei normalen Fluggeschwindigkeiten an, sondern selbstverständlich auch auf das Verhalten in extremen Flugsituationen. Hier war die Bf 109E wieder in gewisser Beziehung im Vorteil: wenn der deutsche Jäger Flugfiguren durchführte, bei denen negative Beschleunigungen auftraten, machte das der Messerschmitt wenig aus, weil ihr Motor durch eine Einspritzpumpe mit Kraftstoff versorgt wurde. Der »Merlin« Motor der Spitfire war dagegen mit einem herkömmlichen Vergaser ausgerüstet. Versuchte die Spitfire die Flugmanöver des Gegners mitzumachen, kam es in solchen Fällen oft zu einer Unterbrechung der Benzinzufuhr und in der Folge zum Absterben des Motors. (Später wurden viele englische Piloten – wenn auch nur in improvisierter Weise – auch mit diesem Nachteil fertig: sie flogen beispielsweise der abkippenden Bf 109 in einer halben Rolle nach und versuchten dann im Sturzflug die Maschine wieder so aufzurichten, daß der Kraftstofffluß im Vergaser möglich blieb. Das war keine Ideallösung, aber man verhinderte auf diese Weise immerhin das gefürchtete Aussetzen des Motors in extremen Kampfsituationen.)
Im schnellen Sturzflug besaß die Bf 109E an sich klare Vorteile: sowohl bei der Spitfire als auch beim deutschen Jäger stieg im steilen Sturzflug der Steuerdruck sehr rasch an. Bei einer Geschwindigkeit von etwa 650 km/h brauchten beide Maschinen jeweils etwa 4 Sekunden zur Durchführung einer halben Rolle. Unter solchen Bedingungen wirkte sich die an sich bessere Wendigkeit der Spitfire also nicht mehr aus. Die deutschen Piloten begriffen das bald: solange sie sich im steilen Sturzflug und mit hoher Geschwindigkeit einer verfolgenden Spitfire entzogen, kam der Gegner nicht dazu, sie gezielt zu beschießen.
Eines hatte man beim Vergleichsfliegen in Farnborough allerdings nicht festgestellt: die deutsche Bf 109E war in Höhen ab 6000 Metern aufwärts der Spitfire eindeutig und in jeder Beziehung überlegen. Man stellte diesen Umstand beim Vergleichsfliegen nicht fest, weil viele britische Experten vor dem Krieg und auch noch in den ersten Kriegsmonaten selber es für völlig unwahrscheinlich hielten, daß es tatsächlich in großer Höhe zu Luftkämpfen kommen werde; daß diese Ansicht falsch war, sollte sich allerdings bald herausstellen.

Im ganzen gesehen waren Bf 109E und Spitfire einander etwa gleichwertige Maschinen. Sieger im Luftkampf wurde meist jener Pilot, der über besseres fliegerisches Können und über die größere Erfahrung verfügte. Wer die Stärken und Schwächen der eigenen und der gegnerischen Maschine kannte, war allerdings von vornherein im Vorteil. Und neben all diesen Umständen entschied dann noch oft das Zusammenwirken eines ganzen Flugzeugverbandes und die Zielsicherheit des einzelnen Schützen darüber, wer als Sieger aus dem Luftkampf hervorging.

Einsatzbericht vom 25. Mai 1940

Die im Raume von Boulogne – Calais – Dünkirchen Patrouille fliegende 92. Squadron sichtete zwischen 7.20 und 19.20 Uhr einen großen in einer Höhe von 2500 und 3000 Metern über Calais fliegenden Feindverband. Der Verband wurde von etwa 30 Maschinen – meist Messerschmitt Bf 110 – angeführt, dem eine weitere Gruppe von 15 bis 20 Maschinen folgte. Diese Flugzeuge konnten nicht genau identifiziert werden, es befanden sich aber jedenfalls einige Ju 87 und Ju 88 im deutschen Verband. Einige deutsche Maschinen griffen den Hafen von Boulogne im Sturzflug an, andere kreisten über dem Zielgebiet, flogen jedoch keine Angriffe.

Die in 1200 Meter Höhe fliegende 92. Squadron stieg auf Angriffshöhe und begann den Luftkampf gegen die Deutschen, hauptsächlich ›Me 110‹. »Blue 1« (der Führer der »Blue Section« der Squadron) meldet, daß sich der deutsche Verband zu diesem Zeitpunkt bereits im Luftkampf mit einigen Hurricane befand. Es waren aber so viele Flugzeuge in der Luft, daß diese Meldung nicht mit Sicherheit bestätigt werden kann. Sieben ›Me 110‹ wurden sicher abgeschossen, fünf weitere ›Me 110‹ und zwei Ju 88 vermutlich, aber ohne Bestätigung. Fast alle unsere Maschinen wurden im Luftkampf ebenfalls mehrfach getroffen. Nach den Meldungen unserer am Einsatz beteiligten Piloten versuchen die ›Me 110‹ meist noch vor Abbruch des Kampfes so von unseren Jägern abzukurven, daß auch die deutschen Heckschützen unsere Maschinen noch unter Feuer nehmen können.

Ungefähr zwanzig ›Me 110‹ umflogen die feindlichen Bomber in einem Abwehrkreis nach rechts wodurch unsere Jäger an dieser Stelle kaum zum Schuß kamen.

Die deutsche ›Me 110‹ Ist Im Horizontalflug der Spitfire bezüglich der Geschwindigkeit jedenfalls unterlegen, sie kurvt aber ausgezeichnet und taucht bei Angriffen auch regelmäßig sehr schnell weg. Zumindest im Kurvenflug sind unsere Spitfire der ›Me 110‹ aber in jedem Falle gleichwertig.

Die deutschen Flugzeuge hatten die übliche Standardtarnung.

Während der ersten beiden Minuten des Luftkampfes war im FT ununterbrochen deutscher Sprechverkehr zu hören.

Zusammenfassende Abschußmeldung:

Pilot:	Abschuß bestätigt:	vermutlicher Abschuß:
F/Lt Tuck	1 Me 110	1 Me 110
P/O Holland	2 Me 110	1 Ju 88
P/O Wright	1 Me 110	–
P/O Williams	1 Me 110	1 Me 110
Stg Havercroft	–	1 Me 110
P/O Edwards	–	1 Ju 88
Sgt. Barraclough	–	1 Me 110
P/O Bartley	2 Me 110	–

Spn Ldr Bushell, F/Lt Gillies und Sgt Klipsche werden vermißt. (Eine Spitfire wurde beim Aufschlagen auf den Boden beobachtet.) F/Lt Green landete verletzt in Hawkinge (Schußwunde im Bein).

Unten: Britische Jägerasse aus der »Schlacht um England«: Die »Blue Section« der 92. Squadron. Von links nach rechts: Pilot Officer Bob Holland (13 Abschüsse), Flying Officer Robert Stanford-Tuck (29 Abschüsse) und Pilot Officer Alan Wright (10 Abschüsse). Die drei englischen Jägerpiloten begannen ihre Abschußserie noch über Frankreich, als die Briten die BEF (British Expeditionary Forces) aus Dünkirchen evakuierten. Die Aufnahme entstand bereits im Mai 1940.

Die Luftschlacht um England

September 1940: Eine Spitfire der 92. Squadron nach der Bruchlandung auf dem Flugplatz von Biggin Hill. Eines der Fahrwerksbeine ist bei der Landung abgerissen und liegt zusammen mit dem Fahrwerksrad hinter der Maschine auf dem Gras.

N324

Warten auf den Startbefehl: Piloten der 92. Squadron auf dem Flugplatz von Bibury. Im Bilde links Flight Lieutenant Charles Kingcombe, der während der »Luftschlacht um England« drei bestätigte und vier wahrscheinliche Abschüsse erzielte und acht deutsche Maschinen im Luftkampf beschäftigte. Der mit dem Rücken zur Kamera sitzende Flieger trägt eine erbeutete deutsche Schwimmweste, die wegen ihrer Ausgezeichneten Qualität bei den Piloten der RAF sehr beliebt war.

Unten: Biggin Hill September 1940: Das Bodenpersonal bei der Arbeit an einer Spitfire.

Offiziere der 19. Squadron vor den Unterkünften am Platz von Fowlmere: (von links nach rechts) Pilot Officer W. »Jock« Cunningham aus Glasgow, Sub Lieutenant »Admiral« Blake von der »Fleet Air Arm« (die britische Marineluftwaffe« stellte während der »Schlacht um England« Piloten an die schwerringende RAF ab). Flight Lieutenant F. Dolezal, ein Tscheche, der in den tschechoslowakischen Luftstreitkräften gedient hatte, nach der deutschen Besetzung seiner Heimat zunächst zu den französischen Luftstreitkräften gestoßen war und nach dem Zusammenbruch Frankreichs schließlich zur RAF gelangte. Ganz rechts Flying Officer F. Brinsden, ein Neuseeländer. Blake fiel am 29. Oktober 1940, als die »Luftschlacht um England« bereits entschieden war, im Luftkampf gegen eine deutsche »Me 109«.

Oben: Flying Officer »Uncle Sam« Leckrone, ein amerikanischer Freiwilliger, der während der »Luftschlacht um England« bei der 616. und bei der 19. Squadron flog. Leckrone war einer jener Flieger, die gleich nach ihrer Aufstellung zur 71. (»Eagle Squadron«) stießen.

Rechts: Am 9. August 1940 erhielt eine von Sgt H. Mann geflogene Spitfire der 64. Squadron während des Luftkampfes einen Kanonentreffer, der den Steuerknüppel der Maschine blockierte. Der Pilot brachte die beschädigte Maschine trotzdem nach Kenley zurück.

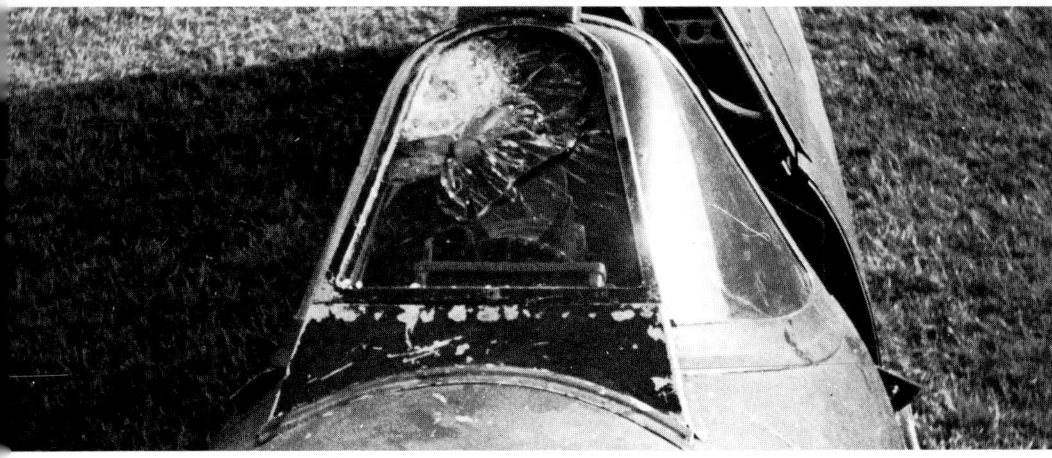

Oben: Bei einem Luftkampf am 9. Sept. 1940 erhielt die Spitfire von Pilot Officer A. Wright (92. Squadron) einen Treffer aus einem deutschen 7,9 mm MG. Die Kugel schlug von hinten durch das Kabinendach, knickte den Kabinenrahmen, prallte vom Panzerglas der Frontscheibe ab und zerschlug schließlich das Reflexvisier. Wright blieb völlig unverletzt.

Darunter: Während des Luftkampfes traf ein Geschoß aus einer »Me 109«. Die gepanzerte Frontscheibe der Spitfire von Pilot Officer C. Bodie (66. Squadron) hielt stand.

Rechts: Da die Briten während der »Schlacht um England« deutsche Gasangriffe auf ihre Jägerplätze befürchteten, wurde streng darauf geachtet, daß das Bodenpersonal mit Gasmasken und Gasplanen ausgerüstet war.

Links: Deutsche Luftwaffenangehörige untersuchen eine Spitfire der 234. Squadron, die am 15. August 1940 nach Luftkampf über dem Kanal mit Beschußschäden bei Cherbourg notlanden mußte. Die Beschädigung rechts im Rumpf hinter der Kabine ist nicht auf Feindeinwirkung zurückzuführen, sondern auf die Auslösung der Sprengladung zur Vernichtung der geheimen »IFF« (Freund-Feind-Kennung)-Anlage. Interessant sind die beschädigte Kabinenhaube und das halbfertige Balkenkreuz auf dem Rumpf.

Unten: Aus einer deutschen Zeitschrift: eine brennende Spitfire überholt ein deutsches Kampfflugzeug Heinkel He 111.

Ein Tag, den man nicht vergißt

Von Group Captain Bob Oxspring

Bob Oxspring gehörte zu denen, die als Jagdflieger im Sommer 1940 die entscheidenden Kämpfe der »Luftschlacht um England« gegen die deutsche Luftwaffe mitflogen. Im vorliegenden Beitrag erinnert sich Oxspring an einen Einsatz, der zweifellos zu seinen bemerkenswertesten zählte.

Am 25. Oktober 1940 näherte sich die »Luftschlacht um England« bereits ihrem Ende. Wir Piloten konnten das damals natürlich nicht wissen. Ich war zu dieser Zeit Flight Lieutenant und gerade neu zur 66. Squadron versetzt, die damals in Gravesend lag.

Am 25. Oktober 1940 bekamen wir bald nach dem Frühstück Einsatzbefehl: ich sollte mit meiner »Flight« von sechs Spitfire starten und in einer Höhe von 9000 Metern über Maidstone Patrouille fliegen. Die Deutschen kamen damals gelegentlich mit Jägern und Jagdbombern über den Kanal und wir sollten sie nach Möglichkeit abfangen. Als wir im Patrouillengebiet ankamen, war der Himmel um uns leer: keine Deutschen! Von der Bodenleitstelle wurde aber trotzdem befohlen, daß wir weiter im Patrouillenraum bleiben sollten. Erst eine Stunde später sahen wir plötzlich die »Banditen«, wie die Codebezeichnung für die deutschen Luftwaffenmaschinen lautete: sechs ›Me 109‹. Wir waren eindeutig im Vorteil: die Deutschen flogen gegen die Sonne, wir waren 600 Meter höher als die Messerschmitts und unser Verband war zahlenmäßig ebenso stark wie der deutsche. Das war eine für die »Luftschlacht um England« untypische Situation – normalerweise waren die Deutschen uns nämlich fast immer zahlenmäßig überlegen. Ich gab meinen Piloten den Befehl, daß jeder eine der deutschen Maschinen annehmen sollte und dann begannen wir unseren Angriff aus der Überhöhung. Die Messerschmitts mußten uns aber schon gesehen haben, denn als ich »meine« ›Me 109‹ – offenbar den Verbandsführer – angriff, rollte der Deutsche seitlich weg und ging sofort im Sturzflug nach unten »ins Parterre«. Damit hatte ich jedoch schon irgendwie gerechnet: ich stellte meine »Spitty« auf den Kopf

Winter 1940/41 in Biggin Hill: Warten auf einen Gegner, der nicht mehr kommt. Bald wird es Morgen und draußen ist es sehr kalt... Von links

und stürzte dem Deutschen fast senkrecht nach. Langsam holte ich auf – die Messerschmitt war mir sicher! Auf meine eigene Rükkendeckung achtete ich nicht: wir waren sechs gegen sechs ›Me 109‹ – was sollte also schon geschehen? Aber ich sollte mich täuschen: man fühlt sich meist gerade dann am sichersten, bevor man auf die Bananenschale tritt! So war es auch damals! Als ich schon fast auf Schußweite heran war, erschütterte plötzlich

nach rechts Sergeant J. Le Cheminant, Pilot Officer Sam Saunders und Pilot Officer Morris, alle von der 92. Squadron.

eine Reihe von dröhnenden Explosionen meine »Spitty«. Wie war das möglich? Ganz einfach: einige hundert Meter unter den sechs Messerschmitts flog eine siebente als »Lockvogel«. Als wir von oben her angriffen, lockte mich der im Sturzflug weggehende deutsche Verbandsführer genau vor die Kanonen und Maschinengewehre der unter dem Verband fliegenden einzelnen Messerschmitt. Und die Sache funktionierte tadellos...

Diese ›Me 109‹ muß mich genau in das Höhenleitwerk getroffen haben – das nächste, woran ich mich erinnere, war, daß meine Spitfire urplötzlich einen unwahrscheinlich engen Looping zog. Die Schwerkraft preßte mich unwiderstehlich in meinen Sitz und ich verlor das Bewußtsein. Dann kam die »Spitty« aus dem Looping heraus und flog ein Stück geradeaus weiter, so daß ich wieder zu mir kam. Aber gleich darauf begann das Spiel erneut: die Geschwindigkeit stieg, die verklemmten Höhenruder begannen zu fassen – und es ging los zum zweiten Looping! Mir war klar, daß ich schnellstens aus der Maschine mußte. Leicht gesagt: zunächst mußte ich erst einmal die Kabinenhaube aufbekommen, und das war nicht gerade einfach. Es ging nur, wenn ein Looping gerade zu Ende war und ich wieder zu Bewußtsein kam – aber das verklemmte Kabinendach wollte nicht, es rührte sich nicht um einen einzigen Millimeter! Ich glaubte schließlich, meine letzte Minute sei gekommen. »Ungerecht ist das alles, äußerst ungerecht«, ging es mir noch durch mein verwirrtes Gehirn: »da bist du dabei, eine Messerschmitt vom Himmel zu holen – und dann erwischt es dich selber!«

Ich habe keine Ahnung, wie oft sich meine Spitfire in endlosen Loopings gedreht haben mochte, bis ich endlich das Kabinendach zurückschieben konnte. Jedenfalls aber war es genau im richtigen Augenblick: das Öl vorne im Motor fing an zu brennen und die Flammen schlugen zur Kabine zurück. Ich löste meine Sitzgurte, so schnell ich konnte, und stemmte mich in die Höhe. Nur raus jetzt! Aber es ging nicht: ich hatte meine FT-Haube noch auf dem Kopf und

die Kabel waren fest mit der Maschine verbunden. Ich nahm alle Kraft zusammen und riß mir die Haube vom Kopf. (Ich habe sie übrigens später im Wrack der Maschine wiedergefunden. Das lederne Kinnband war glatt durchgerissen. Es ist tatsächlich erstaunlich, welche Kräfte man offenbar in der Todesnot entwikkelt!) Ich muß dann irgendwie aus der Maschine gekommen sein, denn ich erinnere mich, daß ich plötzlich stürzte: Kopf voran, in der Luft auf dem Rücken liegend und mit etwa 45° Neigung zum Boden. Wie hoch ich sein mochte, wußte ich nicht. Also zog ich auf jeden Fall gleich den »D«-Ring, der den Fallschirm auslöste.
Das war ein Fehler, das merkte ich sofort darauf: als sich der Schirm zu entfalten begann, war ich gerade in der ungünstigsten Körperlage. Seltsam unberührt wie ein unbeteiligter Zuschauer verfolgte ich, was nun geschah: die Seile und die Schnüre des Fallschirmes begannen zwischen meinen Beinen hervorzuquellen. Eine der Fallschirmleinen wickelte sich um mein Bein, ohne daß ich etwas dagegen tun konnte. Dann war der Schirm endlich offen – und ich hing mit dem Kopf nach unten hilflos in der Luft. Es war mein erster Fallschirmabsprung, und ich verstand von der Sache nicht allzuviel, denn wir hatten in der Ausbildung nichts wirklich Genaues darüber gelernt. Aber jedenfalls war ich wohl der erste Fallschirmspringer, der mit dem Kopf zuerst landen würde! Das ging denn doch nicht – also begann ich mich an den Fallschirmleinen emporzuhanteln und strampelte gleichzeitig aus Leibeskräften, um meine in den Leinen verwickelten Beine freizubekommen. Endlich schaffte ich es: ich war in der richtigen Lage, mein Kopf war oben und die Beine waren unten – ich sank mit einem Seufzer der Erleichterung in die Gurte zurück. Jetzt kehrte allmählich auch wieder mein Interesse an der Umgebung zurück. Es war alles

ganz still, nur gelegentlich hörte ich das Böllern der Kanonen und das Rattern der MGs und dann wieder das Aufheulen von Flugzeugmotoren – die Luftschlacht war noch nicht zu Ende, sie ging hoch oben über der friedlich geblähten Kuppel meines Fallschirms weiter. Mir kam es vor, als wären es schon Ewigkeiten, seit ich da oben mitgekämpft hatte.

Aber auch jetzt hatte ich noch Sorgen genug. Allmählich begann es mir zu dämmern, daß die Fallschirmseile nicht sauber und ordentlich verliefen, sondern verwickelt waren. Ich spürte sie an meinen Ohren und in meinem Gesicht. Auch weiter oben waren die Fallschirmschnüre verwickelt und hinderten den Schirm an seiner vollen Entfaltung. Das bedeutete, daß ich wesentlich schneller fiel als ich eigentlich sollte und dagegen konnte ich nicht das Geringste tun.

Ich fiel an einer Wolke vorbei. Sehr schnell, eigentlich viel zu schnell – an die Landung auf dem Erdboden wagte ich nicht zu denken. Mein Gott, da braucht man einmal im Leben einen Fallschirm – und dann das! Allmählich kam ich tiefer und machte Bäume und Häuser aus und dann auch die vielen neugierigen Gesichter, die in Erwartung des Kommenden nach oben blickten. Als ich vielleicht noch etwa 600 Meter hoch war, trug mich der Wind über eine Hochspannungsleitung, und obwohl zwischen den Kabeln und meinen Beinen noch ein Abstand von hunderten von Metern war, zog ich die Beine doch instinktiv an. Ich fiel noch immer viel zu schnell. Was ich brauchte, war ein Baum mit schönen weichen Ästen und Blättern, der meinen Fall bremste. Und da waren sie auch schon: Bäume, ein ganzer Wald sogar. Ich trieb genau darauf zu. Dann landete ich auf einem der Bäume: ich zog die Hände schützend vor mein Gesicht. Die Äste gaben krachend nach. Dann: Stille. Ich ließ meine Hände sinken und blickte um mich. Mein Fallschirm hatte sich in den Bäumen verfangen und ich pendelte zwischen den Stämmen hin und her. Etwa sechs Meter unter mir verlief eine asphaltierte Straße. Etwa in meiner Höhe sah ich einen Ast. Ich begann mit Schwung in meinen Leinen zu schaukeln und tat das so lange, bis ich den Ast erreichte. Von dort hantelte ich mich weiter zu einem stärkeren und tragfähigeren Ast, und als ich ihn endlich unter den Füßen hatte, löste ich den Verschluß der Fallschirmgurte.

Unter dem Baum hatte sich mittlerweile eine kleine Menschenmenge angesammelt. Die Leute betrachteten mich mit Mißtrauen: war da vielleicht ein Deutscher vom Himmel gefallen? Erst als ich sie um Hilfe bat, schienen sich ihre Zweifel zu legen – sie identifizierten mich endlich als Engländer. Einige Männer der »Home Guard« (Heimwehr) bildeten dann eine menschliche Leiter und holten mich vom Baum. Die Erde hatte mich wieder. Es war tatsächlich ein Tag, den ich niemals vergessen werde.

Linke Seite: Bob Oxspring vor dem Start zu einem Patrouillenflug in großer Höhe. Der Pilot trägt eine komplette Lederkombination. Während die Lederjacken bei den Fliegern recht beliebt waren, wurden die Hosen kaum getragen, weil sie die Bewegungsfreiheit in der Maschine zu sehr einengten. Die Aufnahme entstand kurz nach Kriegsbeginn.

Die Waffenwarte

Von Warrant Officer Fred Tandy

September 1940: Waffenwarte bei der Arbeit an einer Spitfire der 19. Squadron in Duxford. Die Stoffverkleidungen vor den Maschinengewehrmündungen fehlen, die Maschine muß also im vorangegangenen Luftkampf ihre Waffen betätigt haben. Die unter der rechten Tragfläche arbeitenden Waffenwarte haben bereits zwei der insgesamt vier Munitionsbehälter ausgebaut.

Jeder Pilot ist auf die Geschicklichkeit, auf die Erfahrung und auf die Einsatzbereitschaft jener angewiesen, die seine Maschine zu warten und instandzuhalten haben. Fred Tandy war einer von jenen Männern, die während der »Luftschlacht um England« die Jagdmaschinen zu warten hatten. Den Erdboden hat Tandy niemals verlassen – aber sein Beitrag zum Ausgang vieler Luftkämpfe war trotzdem fast ebenso wichtig wie der Einsatz der Piloten, deren Maschinen er kampfbereit zu halten hatte. Das Geschäft des Waffenwartes ist sehr verantwortungsvoll: wenn der Pilot den Gegner während des Luftkampfes endlich im Visier hat und auf den Knopf drückt, der das Feuer der Bordwaffen auslöst, ist der entscheidende Moment gekommen – wenn die Waffen versagen, war alles umsonst... Im nachstehenden Beitrag berichtet Fred Tandy über seinen Einsatz als Waffenwart an den acht Browning MG der Spitfire.

Ich kam im Januar 1940 als frisch ausgebildeter Gefreiter direkt vom Lehrgang zur 616. Squadron nach Leconfield. Die Squadron hatte damals Spitfire I. Wir waren eine Gruppe von jungen und ambitionierten Leuten. Wann immer es möglich war, übten wir sogar freiwillig, um beim Aufmunitionieren möglichst schnell zu sein. Ursprünglich war es so, daß vier Waffenwarte immerhin doch in gemeinsamer Arbeit 20 Minuten brauchten, um eine Spitfire komplett aufzumunitionieren. Dann kam eines Tages jemand auf die Idee, an der ersten Patrone jedes vollen Munitionsgurtes einen Leinenstreifen zu befestigen. Auf diese Weise konnte man den Gurt in die Waffe einziehen, ohne die obere Abdeckung des Waffenschachtes entfernen zu müssen. Infolge der ständigen Übung und sicher auch, weil wir schließlich nur mehr zwölf anstelle der ursprünglich zwanzig Abdeckbleche an den Maschinengewehren zu entfernen hatten, brauchten wir bald nur mehr weniger als zehn Minuten für das vollständige Munitionieren einer Spitfire. Während der »Schlacht um England« war das schnelle Munitionieren natürlich eine Angelegenheit von einiger Bedeutung.

Eine Aufnahme des Autors aus dem Jahre 1940. Damals diente er als Waffenwart bei der 616 Squadron.

Wenn eine Spitfire nach der Landung vom Platz hereinrollte, warfen die Waffenwarte zunächst immer gleich einen Blick auf die MG-Mündungen in den Flächenvorderkanten. Waren die Waffenmündungen noch mit Leinenstreifen überklebt, konnte man sich sehr viel Arbeit sparen, denn dann hatte die Maschine im Einsatz ihre Waffen nicht betätigt und besaß daher noch den vollen Munitionsvorrat. Wenn die Leinenstreifen aber fehlten, gab es Arbeit für die Waffenwarte. Die Maschinen rollten nach der Landung meist zu den Abstellplätzen und wenn ein neuer Einsatz zu erwarten war, wurden die hereinkommenden »Spittys« dort bereits von den Waffenwarten erwartet. Jeder Mann trug zwei Munitionskästen mit je 300 Schuß MG-Munition unter den Armen.

letzten 25 Patronen waren in diesem Fall jeweils vier Leuchtspurpatronen gegurtet, damit der Pilot gleich wußte, daß sein Munitionsvorrat zu Ende ging.
Da das Aufmunitionieren möglichst schnell gehen mußte, arbeiteten meist schon zwei Waffenwarte unter den Tragflächen der hereinge-

Ein Browning 303 Maschinengewehr von hinten oben gesehen. Die obere Abdeckplatte ist entfernt. Der hinten oben befindliche Bügel mit der Justierschraube für die Seitenrichtung der Waffe ist deutlich sichtbar.

Der Waffenschacht des Browning-MGs von hinten und unten gesehen. Links vom perforierten Leichtmetallbügel ist ein Zahnsegment erkennbar, das für die Höhenjustierung der Waffe diente. Der unten zum MG hin verlaufende Panzerschlauch diente zur Preßluftzufuhr für die Waffenauslösung.

Jedem, der jemals als Waffenwart an der Spitfire gearbeitet hat, wird diese Tätigkeit unvergeßlich bleiben: Die Waffenschächte waren eng und mit vielen Drähten und scharfkantigen Hindernissen versehen, an denen man sich nur allzu leicht die Hände verletzen konnte.

Während der »Schlacht um England« war es üblich, an jeder Maschine je zwei MG mit panzerbrechender Munition zu laden. Zwei MGs wurden mit Brandmunition und die restlichen vier mit normaler Munition geladen. Unter die

rollten Maschine, bevor noch der Propeller zum Stillstand gekommen war. Zunächst wurden die Schnellverschlüsse unter den Waffenschächten und den Munitionsbehältern geöffnet. Wenn das geschehen war, wurden die Waf-

Der Prototyp einer mit 20 mm Hispano-Maschinenkanonen ausgerüsteten Spitfire I (Seriennummer L 1007). Die Aufnahme stammt aus dem Juni 1939. Schon während der Anfangsphasen der »Luftschlacht um England« war die 19. Squadron mit kanonenbewaffneten Spitfire ausgerüstet, die Maschinenwaffen bewährten sich jedoch zunächst nicht und es kam ständig zu Ladehemmungen. Die mit Hispano-Kanonen ausgerüsteten Maschinen wurden daraufhin aus dem Einsatz genommen. Ende 1940 waren die Anfangsschwierigkeiten jedoch überwunden und die Maschinenkanonen funktionierten zufriedenstellend. Ein Nahtreffer aus der 20 mm Kanone durchschlug den von den deutschen Kampfflugzeugen verwendeten Panzerschutz verläßlich. Schlug ein 20 mm Sprenggeschoß in der Nähe eines Kraftstofftanks auf, war die Trefferwirkung so massiv, daß sich die Gummimasse zur Abdichtung des beschädigten Behälters meist als nicht mehr ausreichend erwies.

Eine vermutlich zur 602. Squadron gehörende Spitfire feuert gleichzeitig aus allen acht Browning Maschinengewehren. Die leeren Hülsen und Gurtglieder werden ausgeworfen und liegen auch bereits in größerer Zahl auf dem Boden. Es handelt sich hier offenbar nicht um eine normale Waffenerprobung, sondern vermutlich um einen für eine Pres-

sevorführung besonders inszenierten »Feuerzauber«. Wenn eines der Maschinengewehre nicht zufriedenstellend funktionierte, wurde es normalerweise ausgebaut und dann genau untersucht. Bemerkenswert ist der auf dem Foto gut erkennbare Wulst oben seitlich an der Motorverkleidung vor der Kabine. Es handelt sich hier um einen nicht serienmäßigen, aber sehr zweckmäßigen Umbau: der Wulst diente zur Aufnahme eines Leichtmetallpaneels, welches im Fluge die Auspuffstutzen im Sichtfeld des Piloten abdeckte und ihn dadurch vor der besonders bei Nachtflügen überaus unangenehmen Blendwirkung der aus den Auspuffstutzen schießenden Abgasflammen schützte.

Deutsche Heinkel He 111 Bomber während der »Luftschlacht um England«. Die Maschine links im Bild wird von einem britischen Jäger beschossen. Sehr zum Mißvergnügen der britischen Jagdflieger stellte sich bald heraus, daß die deutschen Kampfmaschinen durch MG-Feuer alleine nur sehr schwer zum Absturz zu bringen waren. Es kam vor, daß Maschinen mit mehr als 200 MG-Treffern zu ihren französischen Liegeplätzen zurückkehrten. Das war besonders auf zwei Umstände zurückzuführen: die deutschen Bomber waren an den »lebenswichtigen« Stellen gut gepanzert – die He 111 beispielsweise hatte Panzerplatten im Gewicht von etwa 270 kg zum Schutze des Besatzungsraumes – und verfügten außerdem über selbstabdichtende Kraftstofftanks. Auf diese Weise nützten MG-Treffer in den Tanks wenig: die Löcher dichteten schnell ab und das an sich extrem feuerempfindliche Flugbenzin strömte in nur so geringer Menge aus, daß auch Treffer mit Brandmunition meist ohne Wirkung blieben. Obwohl die Maschinengewehrtreffer die Kraftstofftanks oft vollständig durchschlugen, verschloß die außen aufgetragene Gummidichtungsmasse die Ein- und Ausschußöffnungen fast immer in ganz kurzer Zeit. So kam es nicht selten vor, daß britische Jäger – obwohl sie bis zum vollständigen Verschießen der eigenen Munition am Feind blieben und auch Treffer beobachteten – den Gegner nicht zum Absturz bringen konnten. Die Bewaffnung der Jagdmaschinen mit MG allein erwies sich aus diesen Gründen als unzureichend.

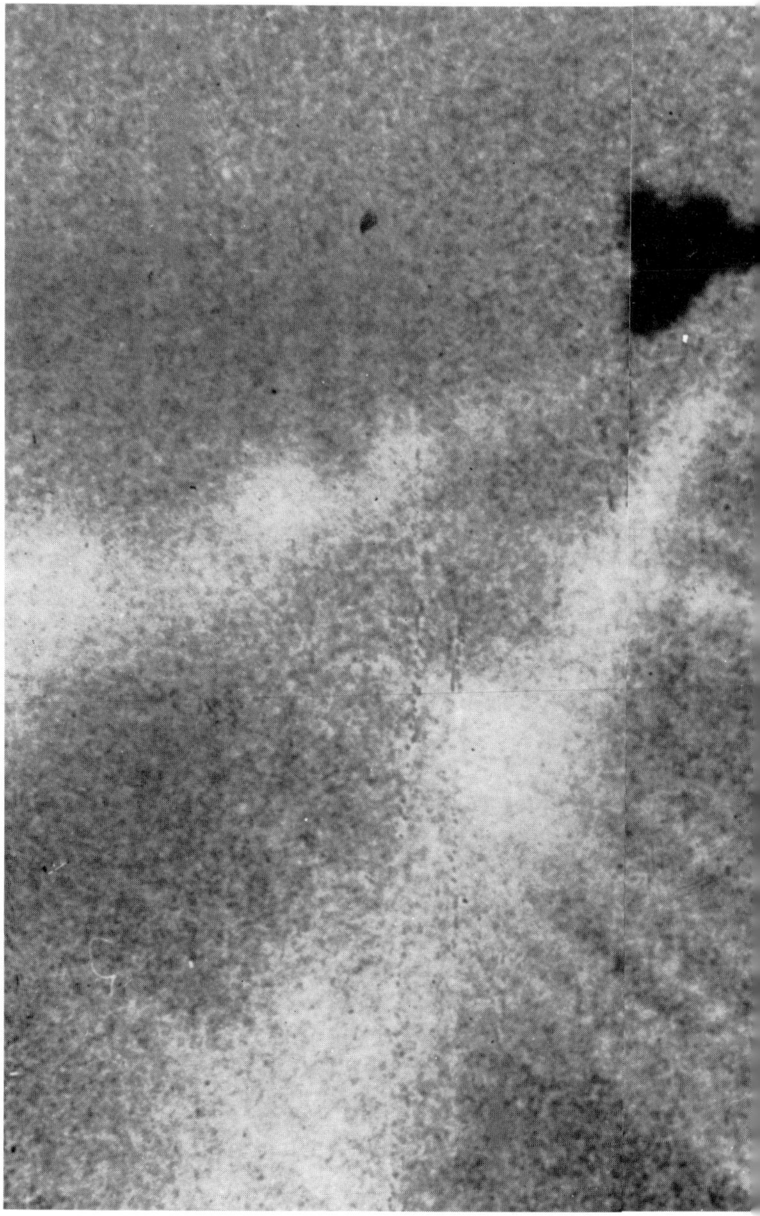

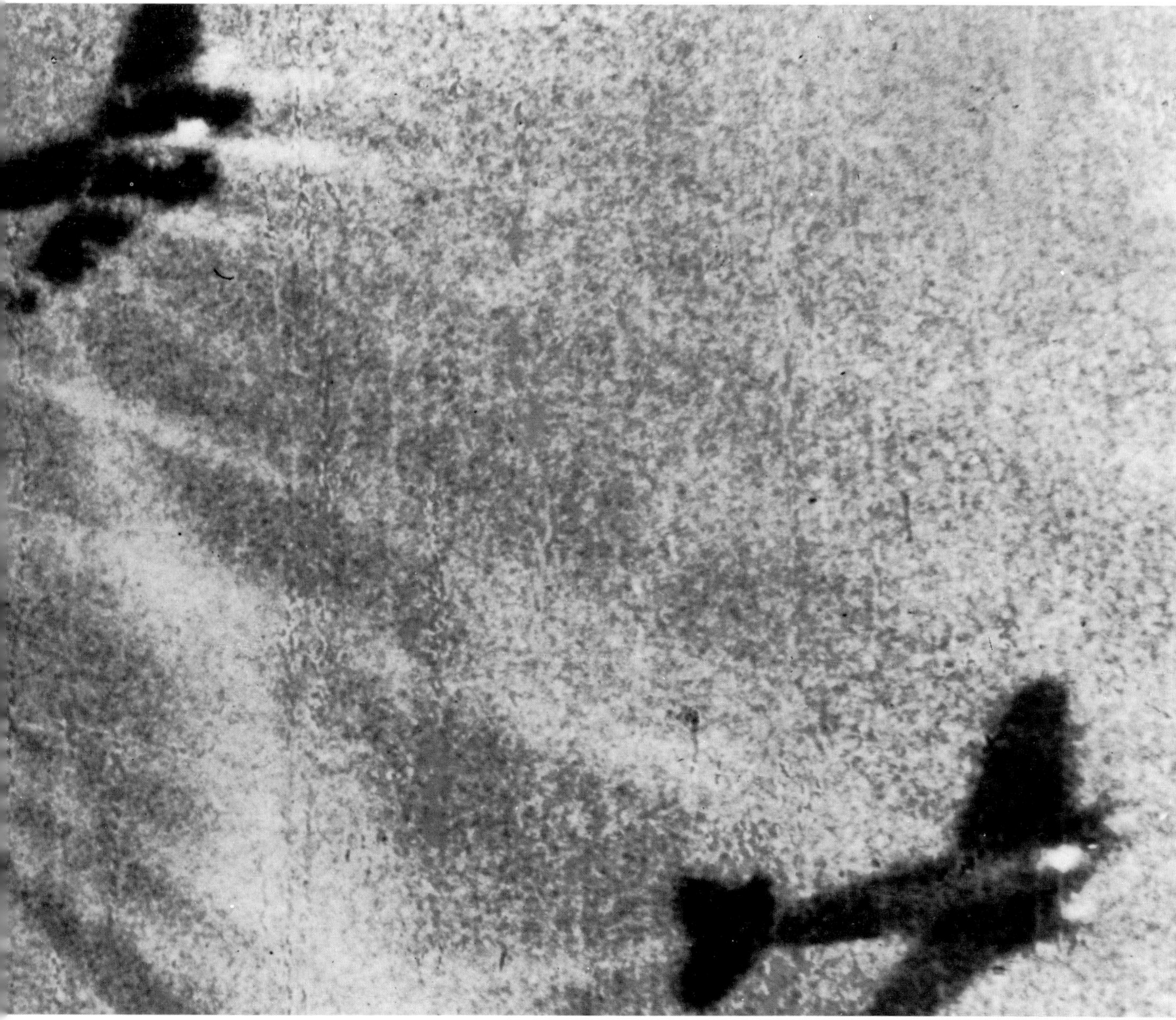

Fehler werden ausgemerzt

Selbst kleine, zunächst nicht einmal wahrnehmbare technische Mängel an der Flugzeugzelle können zu deutlichen Veränderungen des Flugverhaltens einer Maschine führen. Wenn an einer Spitfire derartige Phänomene auftraten und den möglichen Fehlern mit üblichen Mitteln nicht beizukommen war, kam die Maschine zur Erprobungs- und Untersuchungsstelle nach Boscombe Down und wurde von den dortigen Fachleuten genauestens überprüft. Der nachstehend abgedruckte zu Anfang des Jahres 1941 entstandene Bericht beschäftigt sich mit den Ursachen der an einer Spitfire II mit der Seriennummer P 7525 aufgetretenen Fluganomalien. Für die betreffende Maschine allerdings war der erhobene Befund kurze Zeit später nur noch von historischem Wert: bald nachdem die in Boscombe Down untersuchte und instandgesetzte Spitfire II, P 7525, an die 66. Squadron rücküberstellt worden war, verflog sich ein Pilot bei schlechtem Wetter mit der Maschine und setzte sie schließlich – nachdem der Kraftstoff ausgegangen war – in einer Bruchlandung ins Gelände. Zu reparieren gab es in diesem Falle nichts mehr...

Technischer Bericht

1.0. *Einleitung:* Seitens der 66. Squadron wurde gemeldet, daß die Flugeigenschaften der zu untersuchenden Spitfire unbefriedigend waren. Bei voll kopflastiger Trimmung erreichte die Maschine im Sturzflug keine höhere Geschwindigkeit als maximal 514 km/h. Außerdem wurde festgestellt, daß im Sturzflug die linke Tragfläche hängt. Die zu untersuchende Maschine soll außerdem im Sturz nach links ziehen und dies ist nach Meldung der Squadron durch Ruderwirkung kaum auszugleichen. Es wird außerdem über heftige Vibrationen der Querruder geklagt.

2.0. *Ausgeführte Überprüfung* 2.1: Die Maschine wurde nach der Übergabe durch die 66. Squadron von uns geflogen und die angegebenen Mängel als tatsächlich bestehend festgestellt. Wir haben das Gewicht der Maschine festgestellt und den Schwerpunkt bestimmt. Die Trimmwege und die Trimmbereiche wurden ebenfalls überprüft. Soweit feststellbar, ergaben sich hier keinerlei Abweichungen von den üblichen Werten einer serienmäßigen Spitfire II.

Unten: Kleine Ursachen – große Wirkungen: eine kleine Unregelmäßigkeit an der hinteren Kante des Höhenleitwerks an einer Spitfire (Seriennummer P 7525) führte zu einer Störung des Strömungsverlaufs über den Ruderteilen. Es kam dadurch zu einer Reduzierung der Sturzgeschwindigkeit auf 514 km/h und zum Auftreten von Unstabilitäten in bestimmten Fluglagen.

Eine genaue Untersuchung der hinteren Höhenruderkanten ergab eine geringfügige Aufbiegung, die jedoch so signifikant war, daß sie den Fluß des Luftstromes über die Ruderteile und auch die Wirkung der Trimmruder veränderte und beeinträchtigte. Das beigefügte Foto dient hier zur Illustration.

2.2. Zur Behebung der beschriebenen Mängel wurde die Hinterkante der Höhenleitwerksflossen und die Kante der Ruderteile korrigiert und die aufgetretenen Aufwölbungen beseitigt. Zu korrigieren waren auch die Trimmleinen. Wir haben die zu kurzen (8″ und 6″ langen) Leinen an der oberen linken und an der rechten unteren Querruderhinterkante entfernt und eine neue 10″ lange Trimmleine an der oberen Hinterkante entfernt und am linken Querruder aufgebracht. Den leichten Totgang bei Bedienung der Querruder haben wir durch Nachspannen der Steuerseile zum Teil beseitigt. Der noch verbleibende Totgang ist auf den zu lockeren Sitz der Querruderdrehbolzen zurückzuführen.

2.3. Nach Durchführung dieser Korrekturen wurde die Maschine neuerlich zur Erprobung geflogen. Bei Trimmung für normalen Waagrechtflug (mit Höhenleitwerkstrimmung laut Anzeiger 1½ bis 1¼ Skalenteile kopflastig) wurde die Maschine ohne Schwierigkeiten bis zur Normsturzgeschwindigkeit von 740 km/h geflogen. Das Flugverhalten war völlig normal. Der Steuerdruck entsprach der Norm, abnorme Tragflächenvibrationen waren nicht zu beobachten. Im Sturzflug war der übliche stärkere Druck am rechten Querruder einzuhalten. Die Querrudertrimmung war nicht ganz ausgeglichen, was sich bei Fluggeschwindigkeiten um 700 km/h bereits sehr unangenehm bemerkbar machte. Dies gilt besonders im engen Kurvenflug und im geringeren Maß auch beim Hochziehen aus dem Sturz.

3.0. *Schlußfolgerungen* 3.1. Auf Grund der durchgeführten Korrekturen besitzt die Maschine nun wieder die Flugeigenschaften einer serienmäßigen Spitfire II. Gewisse Anomalien bestehen weiterhin bei der Quersteuerung. 3.2. Es wird empfohlen, bei sämtlichen Spitfire die Kanten aller Ruderteile zur Feststellung möglicher Verformungen genau zu überprüfen.

3.3. Es ist darauf zu achten, daß die Querruderbolzen immer so montiert sind, daß die Ruder leichtgängig bleiben. Die Steuerseile müssen immer straff gespannt bleiben.

* Bei den noch mit stoffbespannten Querrudern ausgerüsteten frühen Serienmodellen der Spitfire erfolgte die Querruderaustrimmung noch durch das Aufbringen von Trimmseilen auf den Querrudern. Die später eingeführten metallbeplankten Querruder wurden zur Austrimmung gebogen.

Unten: Eine Spitfire schwebt zur Landung ein. Die Kabinenverriegelung ist bereits offen und die Einstiegklappe links unter der Kabine ist ebenfalls bereits halb entriegelt. Das ist eine Vorsichtsmaßnahme: falls es bei der Landung zu einem Unglücksfall kommt und die Kabinenhaube nicht aufgeschoben werden kann, soll auf diese Weise der Zugang zur Kabine trotzdem möglich bleiben. Noch ein

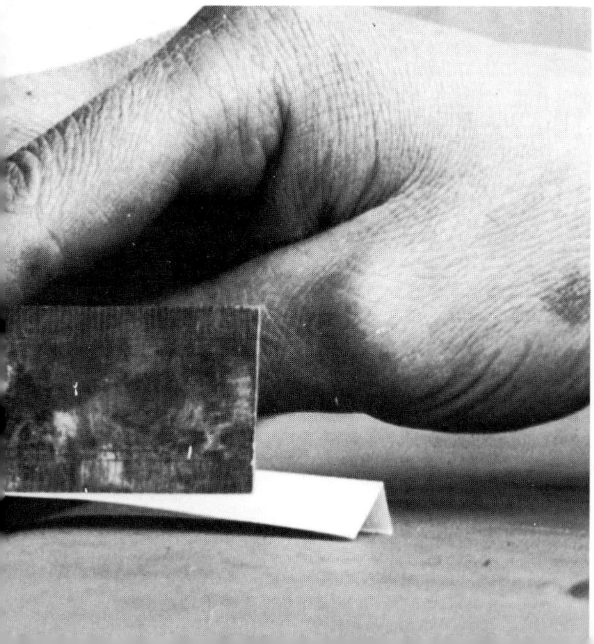

AH

Circus 62

Auf dem Platz von Catterick: Spitfire der 332. Squadron. Die »332«. war die zweite vollständig aus Norwegern bestehende in England aufgestellte Jagdfliegereinheit.

Oben: Biggin Hill am 7. August 1941: »Meine Herren, das ist Ihr Angriffsziel!« Squadron Leader »Spy« de la Torre, der »Intelligence officer« (für Nachrichten und Feindbild verantwortlicher Offizier) weist die Piloten ein. Auf der großen Lagekarte sind die Flugkurse für »Circus 62« deutlich erkennbar: die stark gezeichneten parallelen Linien stellen

Ende 1940 mußte die deutsche Luftwaffe ihre Großeinsätze über England einstellen, da immer mehr Verbände im Zusammenhang mit dem geplanten Angriff gegen Sowjetrußland nach dem Osten verlegt wurden. Die Engländer reagierten schnell: nachdem der unmittelbare Druck nun etwas nachgelassen hatte, beschloß der neue Oberkommandierende des Fighter Command, Air Chief Marshal Sir Sholto Douglas, nun seinerseits zur Offensive überzugehen. »Sich nach Frankreich hineinlehnen« nannte Sir Douglas diese neue Politik...

Ab Anfang 1941 begannen britische Jagdverbände Einsätze über den von den Deutschen besetzten Westgebieten zu fliegen. Der am 22. Juni 1941 beginnende deutsche Feldzug gegen die Sowjetunion gab der britischen Luftwaffenaktivität eine zusätzliche Bedeutung: es mußte alles getan werden, um deutsche Abwehrkräfte im Westen zu binden, und auf diese Weise die in schweren Abwehrkämpfen stehenden Russen zu entlasten.

Der »Circus« war die bedeutendste Serie von

britischen Luftwaffeneinsätzen über Westeuropa während des Jahres 1941. Der nun folgende Bericht beschäftigt sich eingehend mit dem »Circus 62«, den britischen Angriffen am Donnerstag, dem 7. August 1941.
Das Ziel aller Luftoperationen der »Circus« Serie war es, jeweils eine geringe Anzahl von britischen Bombern mit starkem Jagdschutz bestimmte Ziele in den von den Deutschen besetzten Gebieten angreifen zu lassen. Es ging jedoch eigentlich weniger darum, den Gegner durch die Bombardierungen selber zu treffen, sondern die Luftangriffe erfolgten in der Absicht, die deutschen Jagdverbände zum Einsatz gegen die Bomber zu provozieren und sie dann mit den eigenen überlegenen Jagdfliegerkräften anzugreifen.
Für »Circus 62« standen nicht mehr als sechs Blenheim Bomber der »2. Group« zur Verfügung. Diese britischen Kampfflugzeuge sollten Anlagen zur Elektrizitätsversorgung bei Lille angreifen. Sechs Bomber – das war wenig »Bier«! Aber der dazugehörige »Schaum« war umso reichlicher: 18 Squadrons Spitfire und zwei Squadrons Hurricane wurden für die verschiedenen Phasen des Unternehmens als Jagdschutz aufgeboten.
Am späten Nachmittag des 7. August 1941 trafen die sechs für den Angriff bestimmten Blenheim über dem Platz von Manston auf ihren Jagdschutz und flogen dann nach Südosten in Richtung auf ihr Ziel weiter. Der anfliegende Verband war beachtlich stark: in 3600 Metern, in gleicher Höhe mit den Blenheim zogen die Spitfire der 71. (amerikanischen »Eagle«) Squadron dahin, nach hinten abgesetzt und um 350 Meter höher als die »Eagles« (Adler) flogen die Maschinen der 111. Squadron und nochmals 350 Meter höher kamen die Spitfire der 222. Squadron. Alle drei Squadrons des Nahbegleitschutzes kamen von ihrem gemeinsamen Platz in North Weald. Weiter abgesetzt und ebenfalls der Höhe nach gestaffelt flogen gleichzeitig drei weitere Spitfire Squadrons dem Ziel entgegen: die 452. (australische), die 485. (neuseeländische) und die 602. Squadron, alle aus Kenley. Die sechs Blenheim und die sechs Squadrons des Jagdschutzes waren die »Hauptattraktion« von »Circus 62« und sollten die Aufmerksamkeit der Deutschen auf sich ziehen. Für die Briten hatte sich die Situation seit der »Luftschlacht um England« bereits wesentlich verbessert: sie waren nicht mehr ausschließlich in die Verteidigung gedrängt und begannen allmählich die vollständig an die deutsche Luftwaffe verlorene Initiative zurückzugewinnen. Das bedeutete, daß die RAF an jenem Ort und zu jener Zeit angreifen konnte, welche ihr aus taktischen Gründen als am günstigsten erschienen.
In 8200 Metern, hoch über den Bombern und ihrem unmittelbaren Begleitschutz flogen die Spitfire der Wing aus Biggin Hill (72., 92., und 609. Squadron). Die Aufgabe des aus Biggin Hill kommenden Wing bestand darin, zusammen mit den Spitfire des in Hornchurch liegenden Wing (403. kanadische), 603. und 611. Squadron) und des Wing aus Tangmere (41., 610. und 616. Squadron) die britische Luftüberlegenheit im Angriffsraum sicherzustellen.
Der Wing aus Biggin Hill sollte zusammen mit den Blenheim das Ziel anfliegen, die beiden anderen Wings dagegen sollten die französische Küste bei Le Touquet überfliegen und dann über den weiter im Osten liegenden deutschen Jägerflugplätzen operieren, um die zur Abwehr aufsteigenden deutschen Maschinen abzufangen.
Die drei unmittelbar mit den britischen Kampfflugzeugen anfliegenden Wings – mehr als 100 Spitfire – erwarteten Luftkämpfe mit deutschen Jägern, blieben aber meist ohne Beschäfti-

die Anflug- und Abflugkurse der Bomber und ihres Jagdschutzes nach Lille dar. Die weniger deutlich sichtbaren aus dem Westen her kommenden Linien sind die Anflug- und Abflugkurse der aus Tangmere und Hornchurch kommenden Jägersquadrons.

Linke Seite: Biggin Hill, 7. August 1941: Einsatztafel für »Circus 62«. Die für den Einsatz vorgesehenen Squadrons und die Details der Flugaufträge sind sämtlich verzeichnet. Die Einsatztafel enthält Details über den Zeitpunkt der Aufnahme des eigenen Jagdschutzes durch die Bomber, über die befohlenen Zeiten des Überfliegens der französischen Küste, über das Eintreffen am Ziel und über die Rückkunft über der englischen Küste.

Die Spitfire von Douglas Bader. Die Maschine trug die Namensinitialen Baders hinten am Rumpf.

Wing Commander Douglas Bader (dritter von links). Bader befehligte die in Tangmere liegenden Jägereinheiten – einen »Wing« (etwa: Geschwader) – während der Einsätze im Rahmen von »Circus 62«. Die Aufnahme entstand eine Woche vor dem Einsatz und zeigt (von links nach rechts): Flying Officer »Johnnie« Johnson, Flight Lieutenant »Cocky« Dundas, Wing Kommander Bader und ganz rechts Lieutenant Llewellyn, einen Beobachter der US Army Air Force (amerikanische Heeresluftwaffe). Die USA waren im Sommer 1941 noch neutral.

gung: die wenigen nach Beendigung der »Luftschlacht um England« im Westen verbliebenen deutschen Jagdverbände hielten sich im Kampf zurück. Sie waren den aktiver werdenden Briten damals bereits zahlenmäßig unterlegen und bekamen auch nur sehr wenig Nachschub. Aus diesen Gründen vermieden die Deutschen daher auch meist Luftkämpfe mit den gegnerischen Hauptkräften, sondern griffen – vom Boden her durch Radar geführt – nur zahlenmäßig schwächere Verbände und einzeln fliegende Nachzügler an. So war es auch bei »Circus 62«. Der Gefechtsbericht des unter dem Befehl von Wing Commander Bader stehenden britischen Wing aus Tangmere zeigt das deutlich: »Der Wing sammelte über dem Platz und überquerte die englische Küste bei Hastings in Höhen von 7000 bis 7600 Metern. Weiterflug von Le Touquet über Merville in Richtung Ziel. Der Verband beobachtete eine große Zahl von ›Me 109‹ etwa 400 Meter über den eigenen Maschinen. Die Feindmaschinen flogen unsere Flugzeuge aus der Sonne heraus an. Unser Wing wollte den Luftkampf annehmen, die Deutschen aber blieben im Sturzflug und tauchten nach unten weg. Es kam nur zu vereinzelten Luftkämpfen. Die ›Me 109‹ hielten diese Taktik über Hazebrouck, Merville und Lille ein und flogen dann noch auf dem Rückweg bis zur französischen Küste weitere Einsätze. Bei Erreichen der Küste drehten sie ab. Die eigenen Squadrons überflogen die Küste einzeln zwischen Le Touquet und Boulogne. Bis 18.55 Uhr waren alle Maschinen zu den Plätzen zurückgekehrt. Eine

Oben: Spitfire V der in Hornchurch liegenden 603. Jägersquadron. Die 603. Squadron flog auch die Einsätze im Rahmen von »Circus 62« mit.

Links: Squadron Leader Rankin (links, im Hemd) und Flight Lieutenant Charles Kingcombe: die erste Zigarette nach der Rückkehr vom Einsatz über Nordfrankreich im Sommer 1941. Die Aufnahme entstand in Biggin Hill. Rankin erzielte im Rahmen von »Circus 62« einen bestätigten Abschuß und beschädigte eine weitere »Me 109« im Luftkampf.

Maschine der 41. Squadron wird vermißt.«
Die aus Biggin Hill und Hornchurch kommenden britischen Wings schlugen sich ebenfalls in unentschiedenen Luftkämpfen mit den deutschen Jägern herum. Die Blenheim Bomber erreichten Lille ohne Feindberührung, kamen jedoch nicht zum Bombenwurf, da das Ziel unter einer dichten Wolkendecke lag. Die Kampfflugzeuge flogen daher planmäßig in nordwestliche Richtung weiter und griffen das Ausweichziel an: deutsche Invasionsfahrzeuge bei Gravelines. Bei diesem Angriff wurden die Blenheim von der aus Northolt kommenden 306. und 308. (polnischen) Squadron gedeckt. Beim Anflug der Kampfflugzeuge auf Gravelines wurde die 308. Squadron von etwa 18 ›Me 109‹ scharf angegriffen. Die Deutschen schossen ohne eigenen Verluste zwei Spitfire ab. Beim Abflug übernahm der »Rear Support Wing« den Jagdschutz für die Blenheim. Dieser Wing bestand aus der 19. mit Spitfire ausgerüsteten Squadron und aus der mit Hurricane ausgestatteten 257. und 401. (kanadischen) Squadron. Auch dieser Wing wurde von den Deutschen angegriffen und verlor dabei eine Hurricane und zwei Spitfire.

Die britischen Flugzeuge waren während des gesamten Einsatzes etwas mehr als eine halbe Stunde über deutschbesetztem Gebiet. Die RAF bot mehr als 200 Maschinen auf und schoß aus den zur Abwehr aufgestiegenen zahlenmäßig wesentlich schwächeren deutschen Verbänden drei Flugzeuge ab. Drei weitere deutsche Jäger wurden getroffen, ein nachfolgender Absturz konnte aber nicht beobachtet werden. Sechs britische Maschinen gingen verloren. Die Piloten fielen entweder im Luftkampf oder sie gerieten in deutsche Gefangenschaft. Insgesamt gesehen brachte »Circus 62« keine entscheidenden Ergebnisse für die Briten. Der Wert solcher Einsätze kann jedoch nicht nur nach den erzielten Abschußzahlen beurteilt werden. Für das Fighter Command und für seinen Oberbefehlshaber Sir Sholto Douglas kam es darauf an, die eigenen Jagdverbände nicht »einrosten« zu lassen, sondern ihnen Gelegenheit zum Kampf und zur Bewährung zu geben. Gelegentlich mußte die RAF bei diesen Einsätzen für sie nachteilige Kampfbedingungen in Kauf nehmen, aber das war für die Weiterführung der »Circus«-Einsätze nicht von ausschlaggebender Bedeutung. Es kam darauf an, daß die britischen Jäger auch nach Abschluß der »Luftschlacht um England« am Feind blieben und ihre Kampfbereitschaft beibehielten.

Rechts: Im Laufe des Jahres 1941 erhielten die mit Spitfire ausgerüsteten Squadrons des Fighter Command allmählich die Spitfire Mark V. Mit der Mark V wurden im Sommer 1941 auch die meisten Einsätze über Nordfrankreich geflogen. Das abgebildete Flugzeug mit der Seriennummer R 6923 ist eigentlich eine der frühen mit Kanonen ausgerüsteten Maschinen der Baureihe Mark I, die schon in den Anfangsphasen der »Luftschlacht um England« – allerdings nur mit geringem Erfolg – bei der 19. Squadron Einsätze gegen die deutsche Luftwaffe flogen. Die auf dem Bilde sichtbare Maschine war später aus dem Einsatz genommen und mit dem stärkeren »Merlin 45« Motor ausgerüstet worden. Anfang 1941 kam das Flugzeug wieder an die 19. Squadron zurück. Mit dem mittlerweile ebenfalls verbesserten System der Munitionszuführung zu den 20 mm Kanonen bewährte sich die modifizierte Mark I im Einsatz zufriedenstellend. Am Steuer der Maschine ist der Kapitän der 92. Squadron, Squadron Leader Jimmy Rankin.

Rechts außen: Abschuß! Die Aufnahme, die einen getroffenen und abstürzenden deutschen Jäger vom Typ Bf 109F zeigt, wurde von der Kanonenkamera einer Spitfire gemacht. Im Verlaufe von »Circus 62« wurden drei Bf 109F abgeschossen und drei weitere im Luftkampf zumindest beschädigt. Bei der Bf 109F handelte es sich um eine Weiterentwicklung der »E«-Baureihe des schon in der »Luftschlacht um England« bestens bewährten deutschen Jägers. Die Bf 109F war der britischen Spitfire in der Leistung etwa gleichwertig.

Oben: Diese Spitfire II B der 306. (polnischen) Squadron landete im August 1941 mit schweren Beschußschäden in Biggin Hill. Die Maschine hatte fünf Treffer aus 2 cm-Bordkanonen – davon zwei von Explosivgeschossen – erhalten, dazu kamen noch zahlreiche MG-Einschüsse. Die Trefferwirkung der Explosivgeschosse ist beachtlich: das Seitenruder ist im oberen Drittel schwer beschädigt und die untere Beplankung der linken Höhenruderflosse ist fast vollständig aufgerissen. Trotzdem landete der Pilot die Maschine sicher.

Oben rechts: Eine Spitfire Mark V während der 30-Stunden-Inspektion. Die Aufnahme entstand vermutlich Anfang 1942 in Hornchurch. Die Mechaniker sind mit Kontroll- und Wartungsarbeiten beschäftigt. Die Motorabdeckung ist entfernt, damit der Ölfilter ausgebaut und gereinigt werden kann. Der Motor wird auf allfällige Undichtheiten bei der Kraftstoff-, Öl- oder Kühlmittelzufuhr überprüft. Die Luftschraubenkappe fehlt ebenfalls. Auf diese Weise kann der Verstellmechanismus genau auf das Vorliegen von etwaigen Mängeln in der Verstellhydraulik untersucht werden.

Unten: Nur wenige Tage liegen zwischen diesen beiden Aufnahmen. Auf dem oberen Bild betrachtet ein Mann des britischen Bodenpersonals die auf der Motorverkleidung aufgetragene »Erfolgsbilanz« der Spitfire von Wing Commander Stanford-Tuck. Zu diesem Zeit-Punkt hatte Stanford-Tuck 29 deutsche Maschinen abgeschossen. Am 28. Januar 1942, etwas mehr als einen Monat nach seinem letzten Abschußerfolg, wurde die Spitfire des Wing Commanders während eines Tiefangriffes von deutscher Flak getroffen und zur Notlandung gezwungen.

Deutsche Flakkanoniere besichtigen die notgelandete Spitfire von Wing Commander Stanford-Tuck. Als Kommandeur des in Biggin Hill liegenden Wing trug der Wing Commander seine Namensinitialen (RS-T) am Rumpf der Maschine.

Links: Ein manchmal gemischtes Vergnügen: an jedem Morgen mußten die Motoren der Spitfire zur Überprüfung der beiden Magnete und der Luftschraubenverstellung am Boden auf hohen Touren probelaufen. Das Bodenpersonal hatte dabei als »lebender Ballast« die Höhenruderflossen niederzuhalten. Bei sonnigem und heißem Wetter war das eine hochwillkommene Erfrischung, im Winter aber froren die Männer oft entsetzlich.

Squadron Leader P. Davies, der die 19. Squadron während eines Großteiles des Jahres 1942 befehligte, in einem der »K«-Einmannschlauchboote, wie sie zur Rettungsausrüstung der frühen Spitfirebaureihen gehörten. Die idyllische Aufnahme trügt: auf ruhigem Wasser waren die kleinen Schlauchboote zwar ausreichend – man wurde höchstens an der Sitzfläche etwas naß – aber auf dem offenen Meer und bei unruhiger See sah die Sache schon etwas anders aus.

Rechts: Die Spitfire als Aufklärer. Wann immer möglich, flogen die Aufklärerpiloten ihre Spitfire in Höhen, in denen sich hinter den Maschinen noch keine Kondensstreifen bildeten. Das diente den britischen Piloten als Schutz: wenn sie von über ihnen befindlichen Feindjägern angegriffen wurden, verrieten sich diese oft vorzeitig durch die sich hinter ihnen bildenden Kondensstreifen.

Um Klassen geschlagen...

Eine Nahaufnahme der Aufklärerversion PR Type F. Die Abdeckung zu den vertikal im Rumpf montierten Bildgeräten ist geöffnet. Ebenfalls deutlich sichtbar ist die Ausbuchtung im Seitenteil der Kabinenkanzel. Der Pilot konnte genau auf das unter der Maschine liegende Gelände blicken.

26. Januar 1941: Der deutsche schwere Kreuzer »Hipper« im Trockendock der französischen Hafenstadt Brest. Diese besonders gut gelungene Aufnahme stammt von Pilot Officer J. Chandler.

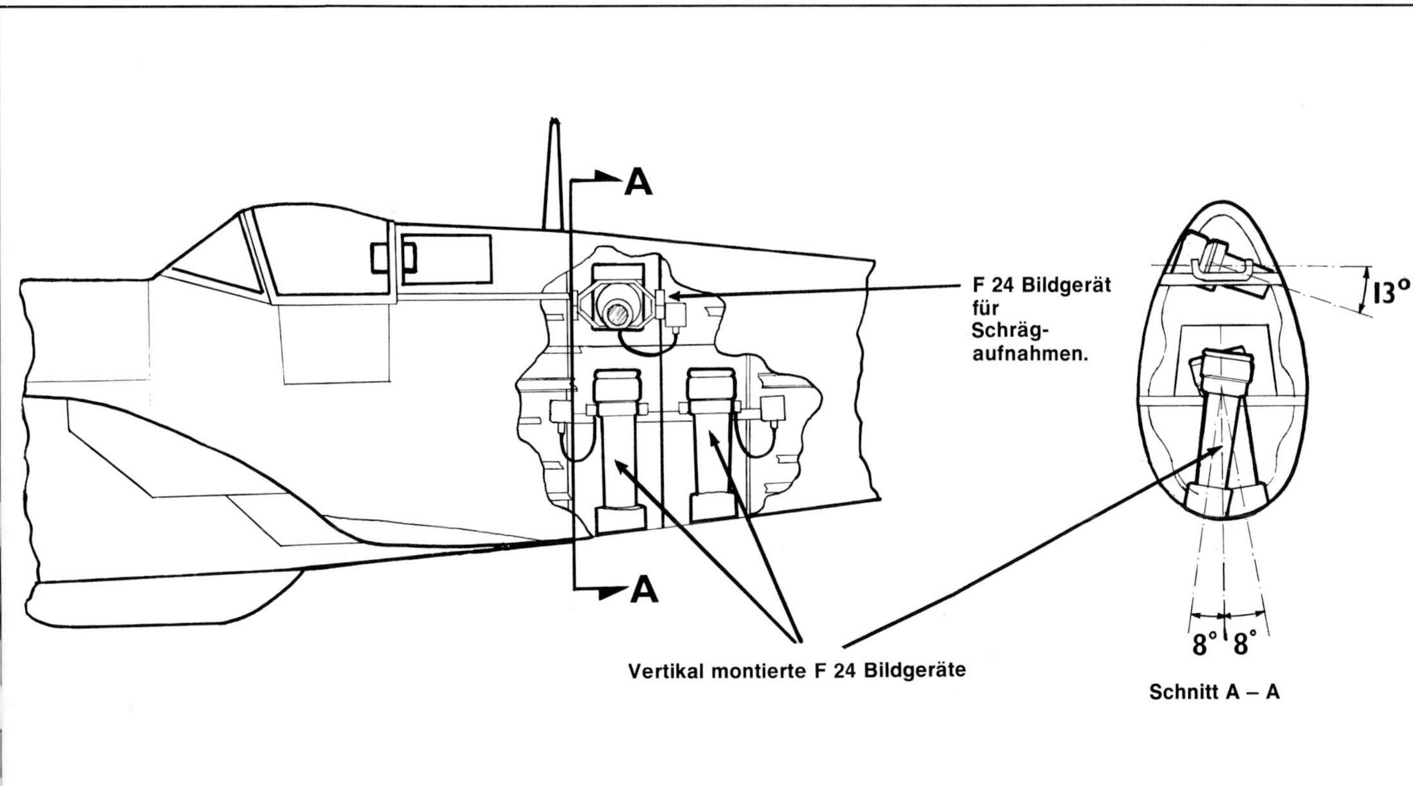

Oben: Schematische Darstellung der Bildgeräte in der Aufklärerversion der Spitfire. Grundsätzlich wurden die Kameras entweder vertikal oder seitlich geneigt für Schrägbildaufnahmen aus geringer Höhe montiert. Die Schnittzeichnung zeigt sowohl die vertikal als auch die schräg montierte Kamera gleichzeitig in einer Maschine. Dieser Doppeleinbau kam allerdings in der Praxis kaum vor, da dies zu großen Wartungsschwierigkeiten bei den Bildgeräten geführt hätte. Die Vertikalkameras sind F 24-Geräte in einer sogenannten »X«-Halterung. Für die kleineren F 8-Geräte wurde die sogenannte »W«-Halterung verwendet. Die meisten Spitfire Höhenaufklärer verwendeten eine der beiden Kamerakombinationen.

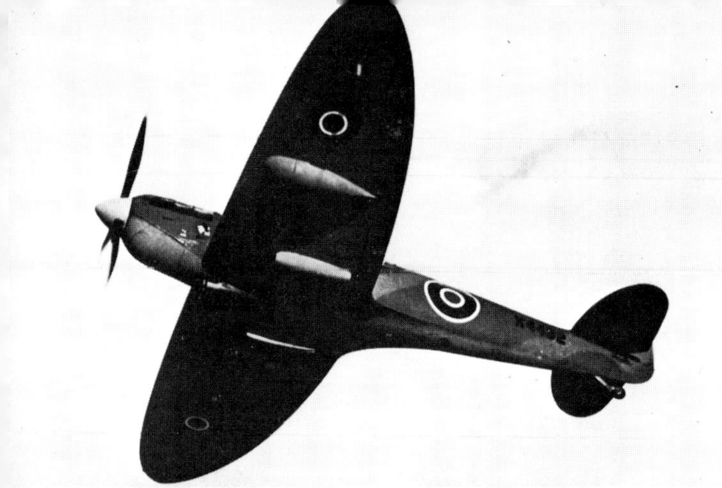

Diese drei Spitfire I waren von der RAF ursprünglich als Jäger bestellt worden, wurden aber noch vor ihrer Auslieferung als »C«-Fotoaufklärer umgebaut. Zu diesem Zweck wurden die Bewaffnung und der Panzerschutz vollständig ausgebaut. Die Aufklärerversion verfügte jedoch über zusätzliche Flächeninnentanks und über Zusatztanks unter den Tragflächen. Dazu kamen zwei im hinteren Rumpfteil vertikal eingebaute Bildgeräte. Gelegentlich wurden auch in den Zusatztanks Kameras montiert.

Oben: An der Spitfire mit der Seriennummer X 4492 ist der Zusatztank unter der linken Tragfläche deutlich sichtbar.

Mitte: Eine Spitfire (X 4498) der 3. Photographic Reconnaissance Unit (Fotoaufklärungseinheit) in Oakington. Die Aufnahme entstand im Juli 1942. Am Steuer der Maschine ist Squadron Leader R. Elliott.

Unten: Eine der ersten auf den »PR« Standard umgerüsteten Spitfire mit der Seriennummer P 9550.

Oben: Ein deutsches »Würzburg«-Funkmeßgerät über den Klippen bei Bruneval. Das Foto wurde am 5. Dezember 1941 aus der Spitfire von Flight Lieutenant Tony Hill »geschossen«. Das »Würzburg«-Gerät wurde wenig später von den Engländern in einem Kommandounternehmen erbeutet.

Unten: 2. Mai 1942: Dieses ebenfalls aus der Maschine von Tony Hill aufgenommene Foto zeigt einen auf der holländischen Insel Walcheren aufgebauten deutschen »Würzburg Riesen«. Dies war die erste Aufnahme des deutschen Nachjagdleitgerätes, welches die Briten in die Hände bekamen. Der an der Leiter stehende deutsche Bedienungsmann diente den englischen Auswertern als »menschlicher Maßstab« zur annähernden Feststellung des Durchmessers der Radarantenne des »Würzburg Riesen«.

Nach Abschluß von »Circus 101« am 21. September 1941 meldeten Piloten der 315. (polnischen) Squadron »Luftkämpfe... mit einem bisher noch nicht aufgetretenen mit Sternmotor ausgerüsteten feindlichen Jagdflugzeug.« Das war die erste Begegnung der RAF mit der neuen deutschen Focke-Wulf Fw190, welche die englischen Piloten bald kennen und fürchten lernen sollten. Die Fw190 war der Spitfire V – dem besten Jagdflugzeug, über welches das Fighter Command damals verfügte – in jeder Beziehung überlegen.

Um Klassen geschlagen...

Die Gesetze des Krieges sind veränderlich. Auch die einmal gewonnene Luftüberlegenheit kann innerhalb von wenigen Wochen wieder verloren gehen, wenn der Gegner plötzlich über technisch hochwertigeres Material verfügt.

So war es auch im Herbst 1941, als die deutschen Jagdverbände im Westen ein neues Jagdflugzeug erhielten: die Focke-Wulf Fw 190, welche den britischen Jägern in jeder Beziehung überlegen war. Im Juni 1942 bekamen die Briten erstmals eine flugtüchtige Fw 190 in die Hände und begannen die Beutemaschine umgehend im Vergleichsfliegen mit ihren eigenen Jägertypen zu erproben.

Nachstehend wird ein Bericht der britischen »Air Fighting Development Unit« (Luftkampfentwicklungsverband) wiedergegeben. Der Bericht enthält die während eines Vergleichsfliegens zwischen der Spitfire Mark V und der Focke-Wulf Fw 190 festgestellten Werte und zeigt die Überlegenheit des deutschen Baumusters in jeder Weise. Die Jagdverbände der RAF waren nach Einführung des neuen deutschen Jägers in eine ernste Krise geraten.

Die erbeutete Focke-Wulf 190 wurde mit einer serienmäßigen Spitfire VB einer Einsatzeinheit im Vergleichsfliegen erprobt. Zu überprüfen waren Geschwindigkeit und allgemeine Flugeigenschaften in Höhen bis zu 6000 Meter. Die Fw 190 ist in jedem Höhenbereich in Bezug auf die Geschwindigkeit überlegen.

April 1942: Eine in der Nähe von St. Omer in Nordfrankreich im Luftkampf von deutschen FW 190 abgeschossene Spitfire wird von den Deutschen im zerlegten Zustand abtransportiert. Der polnische Pilot der Maschi-

Es	In 304 m ist die Fw 190	um 40 bis 48 km/h	schneller als die Spitfire VB
ergaben	In 914 m ist die Fw 190	um 48 bis 56 km/h	schneller als die Spitfire VB
sich im	In 1524 m ist die Fw 190	um 40 km/h	schneller als die Spitfire VB
einzelnen	In 2740 m ist die Fw 190	um 40 bis 48 km/h	schneller als die Spitfire VB
folgende	In 4570 m ist die Fw 190	um 32 km/h	schneller als die Spitfire VB
Werte:	In 5480 m ist die Fw 190	um 32 km/h	schneller als die Spitfire VB
	In 6400 m ist die Fw 190	um 40 km/h	schneller als die Spitfire VB
	In 7620 m ist die Fw 190	um 32 bis 40 km/h	schneller als die Spitfire VB

ne, Flight Lieutenant Kustrzynski, von der 303. (polnischen) Squadron geriet in deutsche Gefangenschaft.

Steigflug

Die Fw 190 steigt in allen Höhen besser als die Spitfire VB. Obwohl die Steiggeschwindigkeiten beider Baumuster nicht wesentlich verschieden sind, ist die Fw 190 im Vorteil, weil ihr Steigwinkel wesentlich steiler ist als bei der Spitfire. Im andauerndem Steigflug ist die Fw 190 bis in eine Höhe von 7620 Meter um 2,3 m/sek schneller als die Spitfire. Beim Übergang vom schnellen Geradeausflug zum Steilflug zeigt sich die Überlegenheit der Fw 190 noch eindeutiger. Beim Übergang vom Sturz- in den Steigflug ist die Fw 190 ausgezeichnet und hängt die Spitfire glatt ab.

Sturzflug

Auch im Sturzflug ist die Fw 190 eindeutig schneller als die Spitfire. Dies gilt besonders für die ersten Phasen nach Einleitung des Sturzfluges.

Manövrierfähigkeit

Die Spitfire VB ist nur beim Fliegen von Wendekreisen besser manövrierfähig als die Fw 190. Wenn eine mit hoher Normalflugleistung – also nicht mit Kampf- und Notleistung – fliegende Spitfire von einer Fw 190 angegriffen wird, empfiehlt es sich, daß der Pilot sofort mit Vollgas in einen nicht zu steilen Sturzflug übergeht. Dieses Flugmanöver hält die Fw 190 zwar mit, aber sie holt die Spitfire dabei nur langsam ein und entfernt sich – wenn der Pilot der Spitfire den Flugkurs günstig wählt – ziemlich weit von ihrem Heimatflugplatz. Dieses Flugmanöver empfiehlt sich daher besonders, wenn eine Spitfire auf dem Rückflug zur eigenen Basis angegriffen wird. Die Methode ist während mehrerer Einsätze der letzten Zeit von unseren Fliegern mit Erfolg praktiziert worden. Wenn eine Spitfire VB überraschend angegriffen wird, empfiehlt es sich jedenfalls nicht, dem Gegner im steilen Sturzflug auszuweichen, denn dabei ist die Fw 190 eindeutig schneller und holt die Spitfire in kurzer Zeit ein.

Das Vergleichsfliegen hat insgesamt ergeben, daß die Spitfire im feindgefährdeten Luftraum jedenfalls immer mit möglichst großer Geschwindigkeit fliegen soll. Sie ist damit nicht nur überraschenden Feindangriffen weniger ausgesetzt, sondern sie gewinnt dadurch auch selber echte Abschußchancen, besonders, wenn sie den Feind überraschend angreift.

Links: Das Reinigen der Kabinenhaube vor dem Einsatz war eine beinahe rituelle Handlung. Das war nicht weiter verwunderlich: den Feind rechtzeitig zu sehen, war die beste Lebensversicherung. Nicht der kleinste Kratzer durfte auf der Kanzel sein und nur die reinsten Putztücher wurden für die Reinigung und für das Blankputzen verwendet.

Oben rechts: Nicht ohne Grund bestanden die Piloten darauf, daß ihre Kabinenhauben und Frontscheiben absolut rein und blank geputzt werden mußten. Halten Sie das Photo oben rechts einmal probeweise etwa einen halben Meter von Ihren Augen entfernt in die Höhe und stellen Sie sich vor, daß Sie in einer Spitfire im feindbedrohten Luftraum fliegen. Sie suchen den Himmel um sich beständig systematisch ab: von links hinten bis rechts hinten. Langsam und im Zick-Zack. Rechts, links, oben in gleicher Höhe oder auch unter Ihnen – überall kann plötzlich der Gegner als feiner, kaum erkennbarer Strich am Horizont auftauchen. Besonders der Blick in die Sonne ist wichtig: der Gegner fliegt vorzugsweise aus dieser Richtung an. Nicht zu vergessen selbstverständlich der prüfende Blick auf die zitternden Instrumentennadeln in der eigenen Maschine – denn auch von ihnen hängst das Überleben ab. Rechtzeitig sehen und reagieren ist alles. Wenn man die Feindmaschine so sieht wie auf dem Bild oben rechts, ist sie noch 550 Meter entfernt. Schon macht sich der Gegner feuerbereit – und wenn Sie ihn nicht rechtzeitig sehen, bleibt von Ihnen nichts als ein triumphierender Pinselstrich auf dem Seitenleitwerk der Feindmaschine... Für Romantik ist im rauhen Gewerbe der Jagdflieger wenig Platz: Der Schnellere gewinnt – der Langsamere bleibt auf der Strecke.

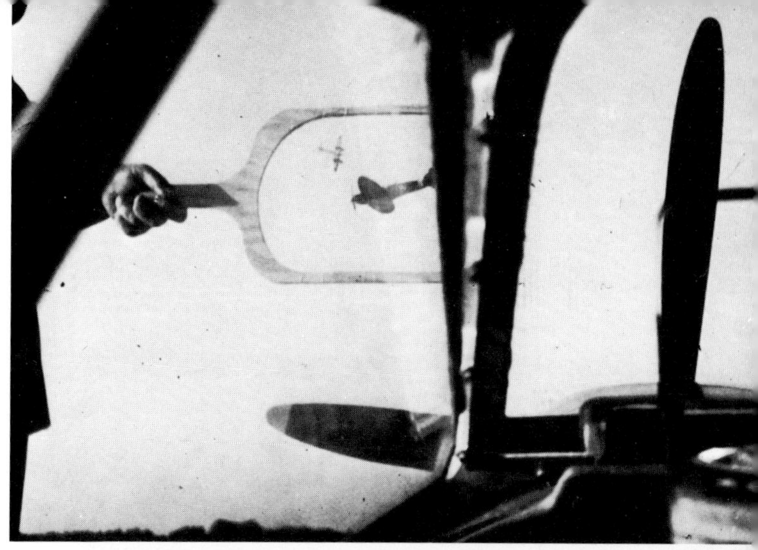

Oben rechts: Ein Blick durch die Kabinenhaube. Mit der Sonne im Rücken gibt es keine Schwierigkeiten – die Konturen der »Feindmaschine« sind deutlich sichtbar.

Mitte rechts: Gegen die Sonne gesehen sieht die Sache etwas anders aus: die kleinen Kratzer und Schlieren auf der Kabinenkanzel verzerren und stören das Bild – die Konturen der »Feindmaschine« sind kaum noch auszumachen.

Unten: Ein Problem und seine Lösung: während des Fluges verteilten sich feinste Ölspritzer durch den Propellerwind über die Frontscheibe der Kanzel. Der linke Teil der Frontscheibe (linkes Bild) ist bereits klargewischt, auf der rechten dagegen ist der feine und die Sicht deutlich beeinträchtigende Ölfilm unübersehbar. Wie das rechte Bild zeigt, behalf man sich bei manchen Maschinen mit einem bei den Einheiten an den Maschinen improvisiert montierten Ölsammelring, der das austretende Öl auffing und so die Verschmutzung der Kanzelteile zumindest teilweise verhinderte.

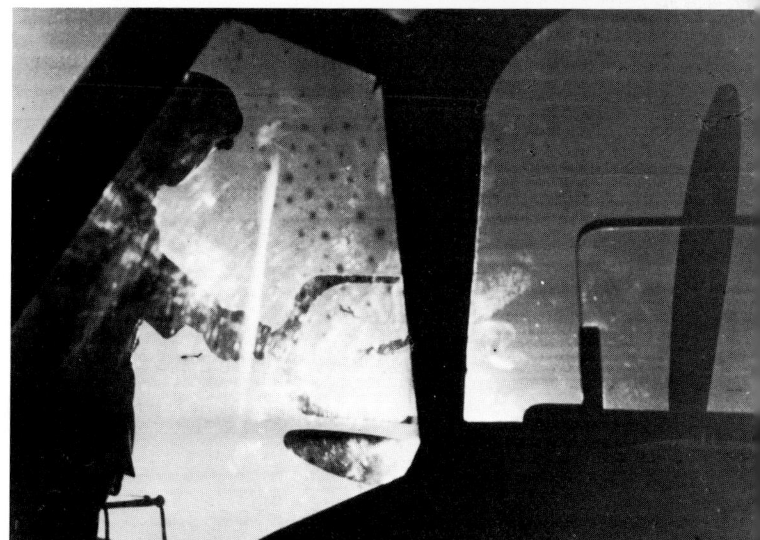

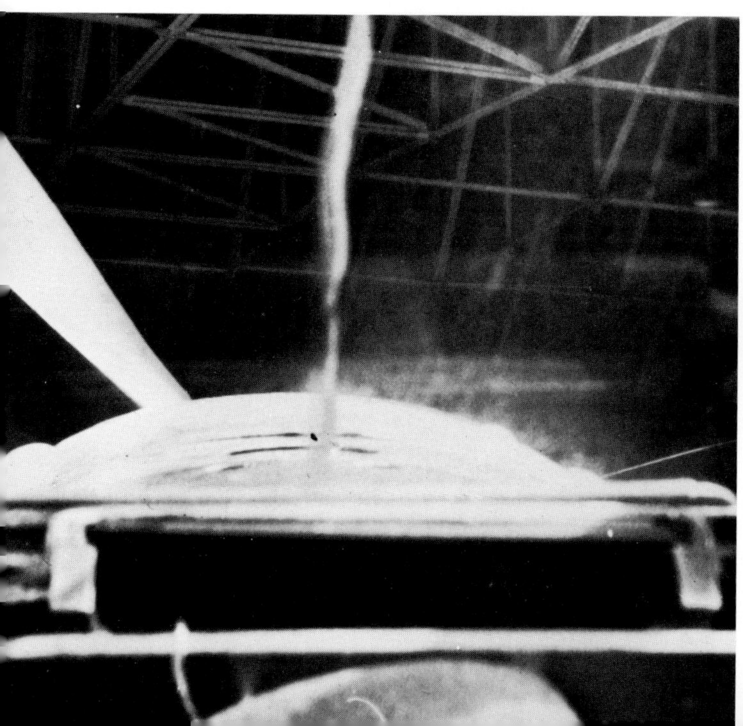

Letzte Prüfung im Werk

Von Alex Henshaw

Eine fabrikneue Spitfire Mark V hebt vom Flugplatz Castle Bromwich ab.

Diejenigen, die Alex Henshaw jemals am Steuer einer Spitfire erlebt haben, sprechen noch heute darüber: Henshaw war ein Meisterpilot und ein virtuoser Kunstflieger dazu. Sechs Jahre lang hat der bekannte Flieger als Werks- und Testpilot Spitfire geflogen und wohl kaum ein anderer kennt dieses Baumuster so gut wie er. Das ist auch nicht weiter verwunderlich: rein statistisch gesehen hat Henshaw etwas mehr als jede zehnte gebaute Spitfire persönlich eingeflogen. Hier ist sein Bericht.

»Als ich gerade 20 war, lernte ich auf eigene Kosten die Kunst des Fliegens und in den darauffolgenden Jahren habe ich wohl meine meiste Freizeit zusammen mit Flugzeugen verbracht. Die dreißiger Jahre waren für einen Flieger, der entweder selber über ausreichende Geldmittel verfügte oder aber einen großzügigen Sponsor besaß, eine recht gute Zeit. Man konnte sich leicht einen Namen machen. Ich nahm damals ziemlich oft an Flugwettbewerben teil und hatte auch eine Menge Erfolge dabei. Im Jahre 1938 gewann ich den »King's Cup«. Im darauffolgenden Jahr stellte ich dann den Rekord für den Langstreckenflug von London nach Kapstadt ein und mein neuer Rekord im Einzelflug hielt sogar bis zum Jahre 1973.

Als der Zweite Weltkrieg ausbrach, nahm ich bei der Firma Vickers eine Stelle als Versuchspilot an und flog zunächst Wellington Bomber in Weybridge und dann Spitfire, und Walrus Flugboote in Southampton. Im Sommer 1940 wurde ich Cheftestpilot für das neue Spitfire-Werk in Castle Bromwich. Im Lauf der folgenden Jahre wurde mir dann die Verantwortung für die Flugerprobung der in Cosford und Desford produzierten Spitfire übertragen; dann noch für die Seafire aus South Marsden und schließlich noch für die Maschinen, welche aus dem Reparaturwerk in Cowley zurückkamen.

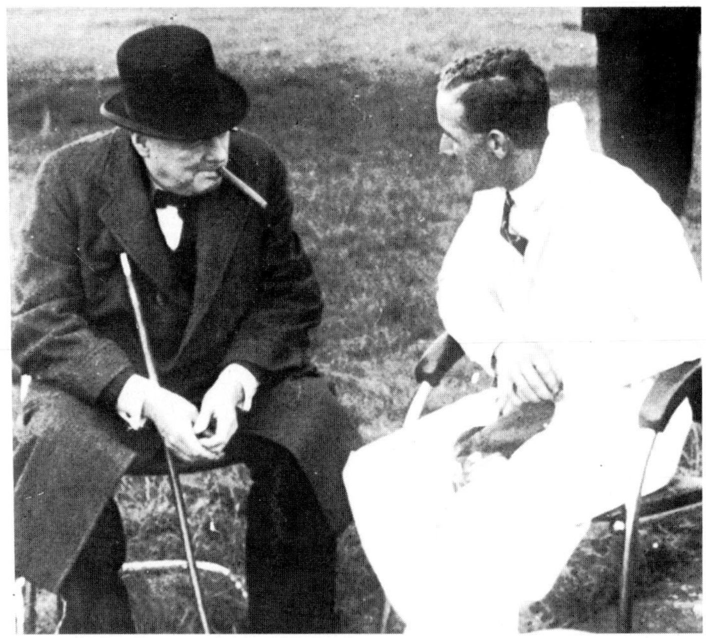

Hoher Besuch im Spitfire-Werk von Castle Bromwich: Alex Henshaw im Gespräch mit dem britischen Premier Winston Churchill.

Alle diese Tätigkeiten blieben mir bis zum Jahre 1946 in eigener Verantwortung. Als ich schließlich Bilanz zog, stellte ich fest, daß ich insgesamt 2360 verschiedene Spitfire und Seafire geflogen hatte. Das war eine erkleckliche Zahl: mehr als ein Zehntel der Gesamtproduktion dieser beiden Jägertypen!

Als Testpilot in der Produktion hat man immer die gleiche Aufgabe: man muß überprüfen, ob an einer neuen Maschine alles ordnungsgemäß funktioniert und ob sich das Flugzeug in der Luft vorschriftsmäßig verhält. Normalerweise war das Überprüfungsfliegen bei der Spitfire ziemlich einfach, allerdings gab es naturgemäß gelegentlich auch gewisse Schwierigkeiten und »besondere Vorkommnisse«.

Die Überprüfungsvorschriften waren von Baureihe zu Baureihe etwas abweichend; ich beschränke mich bei meiner Beschreibung daher auf eine bestimmte Baureihe, nämlich auf die Spitfire Mark V.

Zunächst einmal wurden die Maschinen noch vor dem Start auf dem Boden genau kontrolliert. Wenn alles in Ordnung war, startete ich und brachte das Flugzeug in die richtige Flughöhe. Dann begann die eigentliche Arbeit: das Flugzeug mußte so ausgetrimmt werden, daß es im Geradeausflug »freihändig« – das heißt, ohne irgendwelche Ruderkorrekturen – die Längs- und Querstabilität bewahrte und den Kurs einhielt. Bei der Spitfire V gab es oft bei den Querrudern gewisse Schwierigkeiten und das führte dann dazu, daß im Fluge eine Tragfläche »hing«. Wenn ich etwas derartiges beobachtete, landete ich gleich wieder und rollte in eine Ecke des Platzes, wo schon ein Mechaniker mit einem Spezialwerkzeug auf mich wartete. Es sah aus wie eine Art von Stimmgabel und erfüllte letzten Endes ja auch eine ähnliche Funktion, denn es diente zum »Abstimmen« der Querruder. Mit Hilfe des Werkzeuges wurde dann die Hinterkante des Querruders auf der einen Seite zwei bis drei mal etwas nach oben oder unten gebogen und die Querruderkante an der anderen Tragfläche dann entsprechend in die Gegenrichtung gebogen. Wenn der Mechaniker mit seiner Arbeit fertig war, startete ich wieder und überprüfte die Trimmung neuerlich: Geradeausflug – Hände weg vom Knüppel – und abwarten, was geschah. Blieb die Maschine im Geradeausflug, war alles in Ordnung; wenn nicht, landete ich. Der Mechaniker mußte dann die Querruder »weiterbehandeln«. Meist aber gab es keine größeren Schwierigkeiten, nur wenn es gelegentlich absolut nicht funktionieren wollte, mußten die Querruder zur Gänze ausgebaut und erneuert werden.«

»Wenn die Trimmung in Ordnung war, stieg ich bei 2850 Umdrehungen in der Minute mit Vollgas so hoch, bis sich einer – oder auch beide – Höhenlader einschalteten. Jetzt wurde der Motor genau getestet. Die Temperatur mußte in allen Höhen präzise stimmen. Bei diesen Überprüfungen gab es gelegentlich Unregelmäßigkeiten. Das mußte jedoch nicht unbedingt am Motor liegen, oft waren es auch unrichtig eingestellte oder angeschlossene Instrumente, welche zu Fehleranzeigen führten: ein falsch eingestellter Drehzahl- oder Höhenmesser beispielsweise konnte für völlig konfuse oder alarmierende Anzeigen sorgen.

Wenn es in dieser Beziehung keine Beanstandungen gab, ging ich zum nächsten Programmpunkt über: Sturzflug mit Vollgas und 3000 Umdrehungen pro Minute. Und als Höhepunkt: »freihändiger« Flug bei 735 km/h! Wenn alles stimmte, mußte die »Spitty« auch bei dieser Geschwindigkeit noch stabil bleiben, beim Auftreten von Mängeln aber mußte in solchen Fällen die Höhenleitwerkstrimmung oder die Hinterkante des Höhenleitwerks »nachbehandelt« werden. Ich selber habe keine einzige Spitfire freigegeben, ohne sie vorher auch in einigen extremen Flugsituationen zu überprüfen. Wie intensiv diese Überprüfung allerdings sein konnte, richtete sich danach, wie viel Zeit jeweils zur Verfügung stand. Wir waren fast immer in Zeitnot: für die Anfangserprobung hatten wir fast niemals mehr Zeit als zehn Minuten, und für die Haupterprobung waren es niemals mehr als 20 bis 30 Minuten. Nach Abschluß des Probefliegens wurde die Spitfire

In den Kriegsjahren wurden Männer und Frauen mit den verschiedensten Berufsausbildungen in die Flugzeugfabriken verpflichtet. Obwohl die meisten von ihnen von der Materie nicht das Geringste verstanden und ihre Einschulung notwendigerweise nur kurz und verhältnismäßig oberflächlich sein konnte, kam es kaum zu Mängeln in der Fertigung. Dies war auf die Spezialisierung, auf die arbeitsteilige Produktion und vor allem auch auf die rigorosen Qualitätskontrollen zurückzuführen.

dann nochmals am Boden von den Mechanikern genau durchgesehen und nach dieser Schlußüberprüfung waren die Maschinen zur Ablieferung an die Einsatzverbände bereit.
An manchen Tagen hatte ich bis zu 20 Maschinen einzufliegen, aber die Zahlen variierten natürlich. Wenn beispielsweise kein Flugwetter herrschte, stauten sich die von den Fertigungsbändern rollenden Maschinen bei uns und wir waren dann selbstverständlich einigermaßen in Eile, wenn man endlich wieder starten konnte. Wie schon gesagt, war das Einfliegen meist reine Routine. Nur gelegentlich gab es einige Abwechslung, wenn unerwartete Probleme auftraten. Wir bekamen zum Beispiel einmal eine Spitfire zurück, welche den Einsatzpiloten unerklärliche Schwierigkeiten machte. Im Normalflug reagierte die Maschine ohne irgendwelche Besonderheiten, sobald man sie aber mit hoher Geschwindigkeit im Sturzflug flog, begann die »Spitty« so zu vibrieren, daß man befürchten mußte, sie würde einfach in der Luft »abmontieren«. In dem zusammen mit der Maschine bei uns eingelangten Bericht wurde ein vollständiger Wechsel der Tragflächen vorgeschlagen. Ich muß sagen, daß wir den Bericht für übertrieben hielten und vom Auswechseln der Tragflächen wollten wir überhaupt nichts hören. Das mußte anders und vor allem einfacher gehen!
Aber so einfach war die Sache nicht: zwei von meinen Piloten bestätigten mir, daß der Bericht nicht übertrieben war (ein dritter Pilot hatte schon beim ersten Probeflug wegen der auftretenden Probleme »aussteigen« wollen, hatte die Maschine dann aber doch wieder unter Kontrolle gebracht). Also beschloß ich, mir die Sache einmal selber anzusehen. Wie erwartet, gab es zunächst keine Probleme: im Normalflug war die Maschine lammfromm und verhielt sich völlig unauffällig. Ich flog also einige gewagtere Flugmanöver – aber immer noch geschah nichts Ungewöhnliches. Nun ging ich aufs Ganze: ich zog die Maschine hoch und wollte einige Rollen fliegen. Als ich zum steilen Sturzflug überging, war es dann plötzlich so weit: ein scharfes Knallen wie von einer Explosion, ein starker Ruck – und die Maschine begann so zu rütteln, daß ich am liebsten gleich abgesprungen wäre. Nach dem ersten Schreck zog ich die »Spitty« aus dem Sturz wieder hoch – und alles war wieder normal wie zuvor. Kein Krachen, kein Rütteln. Es war ein Rätsel. Ich flog dann eine zeitlang ziemlich ratlos in der Gegend umher und dachte über die möglichen Ursachen für das seltsame Phänomen nach.

Schließlich beschloß ich, nochmals zu steigen und dann im Sturzflug einige extreme Flugfiguren auszuprobieren. Hielt die Spitfire durch, war es mir recht – wenn nicht: ich war darauf vorbereitet, daß sie einfach in der Luft auseinanderfiel.

Als ich dann im Sturzflug wieder etwa 690 km/h erreicht hatte, begann die Maschine neuerlich wieder so zu rütteln, daß ich mich mit aller Kraft im Cockpit verspreizen mußte, um nicht die Kontrolle zu verlieren. Während ich nun mit einiger Mühe die geplanten Flugmanöver absolvierte, fiel mir auf, daß sämtliche Anzeigen am Instrumentenbrett normal waren. Allmählich kam mir zu Bewußtsein, daß bei weitem nicht die auftretenden Vibrationen am schlimmsten waren, sondern der ununterbrochene stakkatoartige Lärm, welcher jeden Piloten in kürzester Zeit völlig entnerven mußte. Die Maschine selber aber schien dabei weiter keinen Schaden zu nehmen. Als ich nun für einige Augenblicke die Hände vom Steuerknüppel nahm und sie über den Ohren gegen meine Fliegerhaube preßte, stellte ich mit einiger Überraschung und Erleichterung fest, daß sich meine »Spitty« nicht anders benahm als jede andere mit großer Geschwindigkeit fliegende Jagdmaschine dieses Typs. Es war also offenbar nur der grauenhafte Lärm, der das Aushalten im Flugzeug so unerträglich machte. Wo aber kam dieses wi-

Unten links: Die linke Tragfläche einer Spitfire entsteht. Die Arbeit wird hauptsächlich von Frauen verrichtet.

Unten: Frauen bei der Arbeit an stoffbespannten Ruderteilen.

Unten: Morgenbetrieb in Castle Bromwich: die Testpiloten begeben sich zu den Maschinen. Alex Henshaw ist der zweite von rechts.

derliche manschinengewehrartig hämmernde Geräusch her?
Ich zog die Maschine nochmals in die Höhe und führte einen dritten Sturzflug aus. Als der Lärm wieder begann, tastete ich mich in der Maschine umher und stellte fest, daß das Hämmern irgendwie aus der Richtung des Motors kam. Den Motor aber und auch den Propeller hatten wir bereits ausgewechselt, beide schieden also als Störquellen aus. Der Lärm kam vom Motorschott her oder vielleicht auch vom Hauptkraftstofftank. Dann schoß es mir plötzlich wie eine Erleuchtung durch den Kopf: der Benzintank! Natürlich! Warum hatte ich nicht gleich daran gedacht? Oben auf dem Kraftstofftank befand sich eine dicke Schicht von hartem selbstabdichtendem Gummimaterial. Und über der Gummischicht war eine dicke Platte aus Leichtmetall montiert. Wenn sich die harte Gummischicht nun allmählich vom Tank löste, mußte sie bei zunehmender Geschwindigkeit der Maschine natürlich zwischen der Panzerplatte und dem darunterliegenden Kraftstofftank hin- und herrütteln und vibrieren. Und wenn der Tank ziemlich leergeflogen war, gab das selbstverständlich eine Lärmentwicklung wie in einer Kesselschmiede...
Ich flog jetzt möglichst schnell zum Platz zurück und landete unverzüglich. Meine Vermutung war richtig gewesen: nachdem die Panzerplatte über dem Tank ausgebaut worden war, stellte man fest, daß die Dichtungsmasse

nicht mehr am Benzintank haftete, sondern nur locker darauflag. Und mit einem neuen Tank versehen flog die »mysteriöse Spitty« schließlich wieder so normal und ordentlich wie alle anderen.

Ich muß sagen, daß ich für die Spitfire etwas wie eine zärtliche Zuneigung empfunden habe. Man muß allerdings zugeben, daß die Maschine von einer Baureihe zur anderen immer schwieriger zu fliegen war. Einer der Tests zur Überprüfung der Manövrierfähigkeit bestand zum Beispiel darin, eine Rolle einzuleiten und die Maschine dann einfach » weitermachen« zu lassen. Mit einer »Mark II« oder auch noch mit einer »Mark V« kam man auf diese Weise bis auf zweieinhalb Rollen, bei der schon wesentlich schwereren »Mark IX« dagegen brachte man es nur mehr auf eineinhalb Rollen. Die später nachfolgenden noch schwereren Baureihen machten bei diesem Manöver dagegen überhaupt nicht mehr mit. Mit den frühen Spitfirebaureihen konnte man auch bald nach dem Start einen halben Looping drehen und dann oben mit einer Rolle weggehen – bei den späteren Baureihen wäre derartiges unmöglich gewesen, denn sie waren für solche Manöver schon viel zu »schwergewichtig« geworden. Aber das ist selbstverständlich: man kann nicht alles haben! Wenn ein Flugzeug kräftiger und leistungsstärker wird, muß es auch schwerer werden. Was man an Stärke gewinnt, verliert man bei anderen Flugeigenschaften.

Am 18. August 1942 trat an dieser auf dem Überführungsflug zwischen Cosford und Castle Bromwich befindlichen neuen Spitfire ein Motorschaden auf. Alex Henshaw, der die Maschine flog, »baute« eine mustergültige Bruchlandung, bei der er selber unverletzt blieb. Die »Spit« dagegen war schrottreif…

Die Spitfire zieht gleich ...

Vom September 1941 bis zum Juli 1942 blieb die deutsche Focke Wulf-Fw 190 der gegnerischen Spitfire eindeutig überlegen. Im Juli 1942 aber, als die 64. Squadron ihre ersten »Mark IX« erhielt, änderte sich die Situation.
Zelle und Tragflächen der »Mark IX« blieben gegenüber der älteren »Mark V« ziemlich unverändert, die Spitfire der neuen Baureihe waren aber mit dem Motor »Merlin 61« ausgerüstet, der über einen Zweistufenlader mit zwei hintereinander geschalteten Zentrifugalverdichtern verfügte. Mit dem neuen Höhenlader war der »Merlin 61« dem alten »Merlin 46« gegenüber, besonders in großen Höhen, stark überlegen: während das neue Antriebsaggregat in 9000 Metern Höhe 1020 PS hergab, hatte es der in der »Mark V« verwendete »Merlin 46« in der gleichen Höhe nur auf 720 PS gebracht – das bedeutete eine Erhöhung der Leistungsstärke um mehr als 40 Prozent! Mit dem neuen Motor war die Spitfire nun der deutschen Fw 190 wieder durchaus gleichwertig, obwohl die beiden Maschinen völlig verschieden ausgelegt waren. Es folgen nun wieder die bei einem Vergleichsfliegen zwischen einer Spitfire IX und einer Fw 190 festgestellten Werte:

Fw 190 gegen Spitfire IX:
Die Fw 190 wurde mit einer zum Einsatz ausgerüsteten Spitfire IX hinsichtlich Geschwindigkeit und Wendigkeit im Vergleich geflogen. Flughöhe bis zu 7500 m. Die Spitfire ist der Fw 190 in den meisten Flughöhen leicht überlegen. Die Geschwindigkeitsunterschiede sind in den folgenden Daten zu lesen:
In 600 m Flughöhe ist die Fw 190 etwa 10 bis 13 km/h schneller
In 1500 m Flughöhe sind beide Maschinen etwa gleich schnell
In 2400 m Flughöhe ist die Spitfire etwa 13 km/h schneller
In 4500 m Flughöhe ist die Spitfire etwa 6 km/h schneller
In 5400 m Flughöhe ist die Fw 190 etwa 5 km/h schneller
In 6300 m Flughöhe sind beide Flugzeuge etwa gleich schnell
In 7500 m Flughöhe ist die Spitfire etwa 8 bis 10 km/h schneller

Steigflug. Bei vergleichenden Steigflügen bis in die Höhen von 7000 m unterscheiden sich die Maschinen nur wenig voneinander, wenngleich die Spitfire IX insgesamt besser abschnitt. Beide Flugzeuge mußten unter gleichen Bedingungen die höchste Steigleistung erfliegen. In einer Höhe von 6000 m läßt das Steigvermögen der Fw 190 rapide nach, wogegen die Steigleistung der Spitfire IX noch zunimmt. Wenn beide Flugzeuge mit hoher Geschwindigkeit aus dem Geradeausflug in den Steigflug gezogen werden, hat die Fw 190 aufgrund ihres besseren Beschleunigungsvermögens anfangs leichte Vorteile. Diese Überlegenheit nimmt noch ein wenig zu, wenn die Vergleichsmaschinen aus dem Sturzflug heraus in den Steigflug gezogen werden.
Es ist festzustellen, daß die Fw 190 und die Spitfire IV sich leistungsmäßig nur unerheblich voneinander unterscheiden. Im Luftkampf wird sich der Vorteil des Steigvermögens auf die Seite des Angreifers stellen.

Sturzflug. Die Fw 190 ist der Spitfire IX im Sturzflug überlegen. Das kommt vor allem zu Beginn des Sturzfluges zum Vorschein. Der Geschwindigkeitsvorteil ist aber nicht so gravierend wie gegenüber der Spitfire VB.

Wendigkeit. Die Fw 190 ist wendiger als die Spitfire IX, hat aber einen größeren Kurvenradius und ist daher leichter auszukurven. Durch das überlegene Rollverhalten kann die Fw 190 dem Angriff der Spitfire IX leicht ausweichen, indem sie aus der Kurve über einen Sturz in die entgegengesetzte Richtung kurvt. Die Spitfire IX hat beim Folgen dieses Manövers dieselben

Links: Spitfire Mark IX der 611. Squadron. Diese Squadron war einer der ersten mit der neuen Spitfirebaureihe ausgerüsteten britischen Jägerverbände.

Squadron Leader Herbert Hallowes, der während der Landeoperationen bei Dieppe die 165. Squadron kommandierte. Hallowes schoß bei Dieppe eine deutsche Do 217 ab und beschädigte eine weitere im Luftkampf. Bei Kriegsende war Hallowes Wing Commander und hatte 21 Abschüsse auf seinem Konto.

Spitfire auf Malta. Der erste außerhalb des englischen Mutterlandes eingesetzte Spitfire Jagdverband war jener, welcher im März 1942 vom britischen Flugzeugträger HMS »Eagle« aus nach Malta flog. Ab März 1942 wurden im Verlaufe der folgenden Monate insgesamt 282 Spitfire auf die von den Deutschen und Italienern »luftbelagerte« Insel im Mittelmeer verlegt.

Bereits im Jahre 1940 erhielten in Frankreich liegende deutsche Luftwaffenverbände kleinere Stückzahlen der als »Junkers Ju 86 P« zu Höhenaufklärern umgerüsteten alten Ju 86 Kampfflugzeuge zur Durchführung von Aufklärungsflügen über England (oben). Die Ju 86 P war mit zwei je mit zwei Höhenladern ausgestatteten Dieselmotoren ausgerüstet, welche dem Baumuster Einsatzflüge bis in Höhen von knapp über 10000 m erlaubten. Die noch weiter entwickelte Ju 86 R kam sogar bis in Höhen von etwa 14000 Meter. Die deutschen Höhenaufklärer waren mit Druckkabinen ausgestattet. Die Existenz von in extremer Höhe operierenden deutschen Aufklärern und die Möglichkeit des Einsatzes von ebenso hoch fliegenden Kampfflugzeugen bewog die Engländer zur beschleunigten Entwicklung von Höhenjägervarianten der Spitfire. Die »Mark VI« war die erste speziell als Höhenjäger entwickelte Spitfire. Sie kam im Frühjahr 1942 zu den Einsatzverbänden. Die »Mark VI« verfügte über einen modifizierten »Merlin« Motor, über eine Druckluftkabine und über verlängerte, spitz zulaufende Tragflächen zur besseren Anpassung an die in großer Höhe herrschenden Luft- und Strömungsverhältnisse.

Oben Mitte: Die oben abgebildete Maschine gehörte zur 124. Squadron, die als eine von wenigen Einheiten mit der Spitfire VI ausgerüstet wurde.

Die »Eagle« Squadron der 8th Air Force

Von Ervin Miller

Eine Spitfire der 121. (Eagle) Squadron. Die Aufnahme stammt aus dem September 1942 und entstand wenige Tage vor der Übernahme der »Eagle« Squadrons durch die USAAF (amerikanische Heeresluftwaffe). Bei der USAAF erhielt die 121. Squadron die neue Bezeichnung »335. Fighter Squadron«.

Während des Zweiten Weltkrieges flogen etwa 1000 Spitfire verschiedener Baureihen im Verbande der USAAF. Der amerikanische Fliegeroffizier Ervin Miller flog Spitfire zunächst bei der 133. (»Eagle«) Squadron der RAF und blieb auch nach Übernahme der »Eagles« in die USAAF im September 1942 weiter bei diesem Verband, der nun die Bezeichnung »336. Fighter Squadron« trug. Im Frühjahr 1943 wurde die Squadron schließlich auf amerikanische Thunderbolt Jäger umgerüstet. Im folgenden Bericht erinnert sich der amerikanische Pilot in sehr persönlicher Weise an seine Erfahrungen mit der Spitfire:

Ich meldete mich im Jahre 1940 als amerikanischer Staatsbürger freiwillig zum Dienst in der RAF, weil die USA ja damals noch neutral waren. 1940 war ich ein junger Bursche, und meine ganze Begeisterung gehörte der Fliegerei. Von Beruf war ich eigentlich Verwaltungsbeamter, aber damit verdiente ich mir nur das nötige Geld für meine Flugstunden. Immerhin hatte ich es Mitte 1940 bereits auf etwa 400 Flugstunden auf kleinen Privatmaschinen gebracht und nach meiner Meldung zur britischen RAF hoffte ich endlich auf die Chance, einmal ein richtig schnelles Flugzeug in die Hände zu bekommen. Der Kampf gegen die Nazis oder die Verteidigung der Freiheit oder dergleichen ideelle Motive waren mir dabei ziemlich schnuppe. In die amerikanische Luftwaffe selber hätte ich nicht eintreten können, denn dazu fehlte mir die nötige Schulbildung, auf die man – wir waren ja noch nicht im Krieg – großen Wert legte.

Zunächst geschah nach meiner Meldung nicht allzuviel und erst etwa Mitte 1941 begann ich meine »Flugausbildung für Fortgeschrittene« bei einer privaten Flugschule in Tulsa im Bundesstaat Oklahoma. Finanzielle Probleme gab es nicht, denn die Engländer bezahlten alles. Ende des Jahres bekam ich dann meine Ernen-

Auf dem Flugplatz von Debden im Jahre 1942: der amerikanische Leutnant Ervin Miller kurz nach seiner Versetzung von der RAF zur USAAF.

nung zum »Pilot Officer« der britischen Luftwaffe und wurde gleichzeitig zur weiteren Ausbildung nach England befohlen. Im Frühjahr 1942 landete ich schließlich beim Spitfire-Ausbildungsverband in Llandow.

Im Mai wurde ich dann zur 133. (»Eagle«) Squadron versetzt, die damals in Biggin Hill lag und mit Spitfire V ausgerüstet war. Der Verbandskapitän hieß »Tommy« Thomas und war – wie übrigens auch das gesamte nicht fliegende Personal der Squadron – Engländer. Die Piloten dagegen waren Amerikaner. Nach einer kurzen Zeit der Eingewöhnung im Verband flog ich schließlich ab Juni 1942 meine ersten Einsätze, aber meine erste Feindberührung hatte ich erst Ende Juli.

Als wir am 28. Juli 1942 für einen Kampfverband als Jagdschutz über Frankreich flogen, wurden wir von deutschen Focke Wulfs und Messerschmitts angegriffen. Ich flog damals als »Nummer zwei« (etwa: Rottenflieger) mit Flight Lieutenant Don Blakeslee*, der unsere »Flight« kommandierte.

Vor dem Start hatte mir Blakeslee noch gesagt: »Bleib' auf jeden Fall dran, wenn wir angegriffen werden!« Wir wurden tatsächlich angegriffen – und ich blieb »dran«!

Wie eine Klette hängte ich mich an die Maschine von Blakeslee, um ihn ja nicht zu verlieren. Das war mein erster Luftkampf: alles, woran ich mich erinnere, ist das Spornrad der Spitfire meiner »Nummer eins«. Nur dranbleiben! Ich hatte nicht einmal Zeit, mich um die Deutschen zu kümmern!

Im August schließlich, nachdem ich mehrere Einsätze geflogen hatte, gab es ziemlich aufregende Neuigkeiten: die Squadron sollte auf Spitfire IX umgerüstet werden. Am 26. August absolvierte ich dann meinen ersten Flug mit der »Mark IX« und ich muß sagen, das war schon

* Blakeslee erreichte später in der USAAF den Rang eines Obersten und erzielte im Luftkampf 15 Abschüsse.

Der erste in Europa eingesetzte amerikanische Jagdverband war die ab August 1942 zum Einsatz gelangende 31. Fighter Group. Das Bild zeigt zwei zur 307. Squadron gehörige Spitfire V vor dem Start zum Einsatz über Frankreich. Die Aufnahme entstand auf dem Platz von Manston bald nach der Bildung der 31. Fighter Group.

Leutnant Don Gentile mit seiner Spitfire kurz nach der Überstellung von der RAF zur USAAF. Gentile schoß bis Kriegsende 21 Feindmaschinen ab und war damit der erfolgreichste Pilot der ehemaligen »Eagle« Squadrons. Gentiles Maschine trug den Spitznamen »Buckeye-Don«.

ein toller Vogel! Die alte »Mark V« zum Beispiel wurde in Höhen über 6000 Meter schon lahm, da ging dem Motor richtig die Luft aus. Die »Mark IX« aber mit ihrem stärkeren »Merlin« und dem Zweistufenlader blieb auch über 6000 Meter noch recht munter und stieg vor allem tadellos.

Mit der Umrüstung auf die neue Baureihe hatten wir weiter keine Schwierigkeiten, und die Einsatzbereitschaft der Squadron war nach der vollständigen Ausstattung mit der »Mark IX« praktisch sofort wieder vorhanden.

Aber es gab damals noch andere Neuigkeiten. Auf höchster Ebene war entschieden worden, daß die drei »Eagle« Squadrons der RAF, die 71., 121. und 133. von der USAAF übernommen werden sollten. Die Verbände sollten der in Debden liegenden 4. Fighter Group als nunmehr 334., 335. und 336. Squadron angegliedert werden. Einige Piloten entschieden sich, in der RAF zu bleiben, die meisten anderen aber – und auch ich – wollten schließlich doch lieber der amerikanischen Luftwaffe angehören.

Knapp vor der Übernahme in die USAAF wurde die 133. Squadron noch schwer mitgenommen. Am 26. September erhielten wir Befehl, 12 Einsatzmaschinen und zwei weitere Spitfire als Reserve auf den Flugplatz von Bolt Head in der Grafschaft Devonshire zu verlegen. Vom Platz in Bolt Head aus sollten Jagdverbände Begleitschutz für einige B-17 »Flying Fortress« Bomber während eines Angriffes auf eine deutsche Luftwaffenbasis in der Nähe von Brest fliegen. Da für den Einsatz selber nur 12 Spitfire benötigt wurden, konnten nicht alle Piloten unserer Squadron mitfliegen. Diesmal traf es mich: ich durfte nicht mitkommen. »Du bleibst schön daheim, Dusty!« meinte mein Flight Commander, Flight Lieutenant Marion Jackson. Nichts zu machen! Von den anderen Flights mußte Don Gentile* zu Hause bleiben.

Sowohl Don Gentile als auch ich hätten liebend

gerne unsere neuen Spitfire im Kampf gegen die deutschen Focke-Wulf erprobt, aber der Kommandeur blieb hart. Wir bekamen keine Starterlaubnis und mußten in Bolt Head bleiben. Damals ärgerten wir uns ziemlich – aber in Wirklichkeit hätten wir unserem Schicksal danken sollen. Aber das sollten wir beide erst später erfahren...

Die Squadron startete, sammelte über dem Platz und verschwand schließlich in einer dichten Wolkenbank. Don und ich blieben zurück. Wir vertrieben uns irgendwie die Zeit und warteten auf die Rückkehr unserer Squadron. Aber nichts geschah. Die Maschinen sollten längst zurück sein, aber es blieb still am Himmel über Bolt Head.

Dann endlich kam eine Spitfire V einer kanadischen Squadron, welche den Einsatz über Frankreich ebenfalls mitgeflogen hatte. Buchstäblich mit dem letzten Tropfen Benzin setzte der Pilot die Maschine auf den Platz.

Als wir uns ausgerechnet hatten, daß die Flugzeit unserer Spitfire längst verstrichen und noch immer nicht eine einzige Maschine zurückgekehrt war, wurde uns klar, daß da etwas ganz Schlimmes geschehen sein mußte. Dann erfuhren wir, daß Bob Beaty, einer von unseren Piloten, einige Meilen weiter an der Küste notgelandet war. Beaty war noch über See der Kraftstoff ausgegangen, aber er hatte die letzten Meilen im Gleitflug zurückgelegt und die Maschine gerade noch auf festem Boden aufsetzen können.

Erst später erfuhren wir, was unserer Squadron tatsächlich zugestoßen war. Die Maschinen hatten die Anflugstrecke zum Ziel wegen der vollständigen Wolkenbedeckung ohne Bodensicht zurückgelegt und gerieten außerdem – ohne das geringste davon zu ahnen – in eine nordöstliche Höhenströmung mit Stürmen von

* Don Gentile erzielte während des Zweiten Weltkrieges 21 Abschüsse und beendete seine aktive Karriere als Major.

Eine »beschnittene« Spitfire V der 336. (amerikanischen) Squadron in Debden. Das linke Fahrwerksbein ist bei der Landung weggebrochen.

Spitfire V der amerikanischen 67. taktischen Aufklärungsgruppe, die von Herbst 1942 bis November 1943 auf dem Platz von Membury in der Nähe von Swindon lag. Die Gruppe gehörte zur 8. amerikanischen Luftflotte. Gelegentlich flogen einzelne Spitfire der Gruppe auch Einsätze der RAF über Nordfrankreich mit, jedoch niemals der gesamte Verband oder auch nur eine geschlossene Squadron.

über 160 Kilometer Geschwindigkeit. Die Höhenströmung versetzte die Flugzeuge weit in die Biskaya, bis schließlich der Verbandskapitän, Flight Lieutenant Dick Brettell wegen der abnehmenden Kraftstoffreserven den Befehl zum Umkehren gab. Brettell rief auf dem Funkwege eine Bodenstation an und ließ sich eine Peilung geben. Der Kurs stimmte und die Spitfire flogen zurück nach England. Was aber ganz und gar nicht stimmte, war die Entfernung: kein Wunder, denn mit der Peilung von nur einer Bodenstation ließ sich wohl der Kurs, aber nicht die eigene Entfernung feststellen. Als die Spitfire nach der vorberechneten Flugzeit in der Nähe des eigenen Platzes sein mußten, stießen sie durch die Wolkendecke nach unten durch und fanden sich tatsächlich über festem Land. Sie nahmen an, daß sie sich über Cornwall befanden und suchten nun nach ihrem Flugplatz. Aber die elf Spitfire des Verbandes fanden nichts...

Endlich entdeckten sie eine große Stadt und überflogen sie in geringer Höhe, um sich näher zu orientieren. Es war höchste Zeit, denn der Kraftstoff wurde langsam knapp. Und dann war plötzlich die Hölle los: die englischen Maschinen kreisten über dem ehemaligen französischen Kriegshafen Brest, den die Deutschen mit Flak geradezu gespickt hatten! Einige Spitfire wurden gleich von der Flak oder von angreifenden deutschen Jägern abgeschossen und auch Gene Neville, ein guter Freund von mir, der diesmal als Rottenflieger den Flight Commander deckte, erhielt einen Flakvolltreffer in die Maschine und wurde auf der Stelle getötet. Bisher war fast immer ich als »Nummer zwei« des Flight Commander geflogen.

Auch jene Spitfire, welche die deutsche Abwehr nicht traf, waren ohne Chance: den Maschinen ging der Treibstoff aus, und alle mußten nacheinander notlanden. Beaty, der als einziger Pilot der Squadron an der englischen Küste notgelandet war, hatte Glück gehabt. Wegen seines unrund laufenden Motors hatte er sich schon vorzeitig vom Verband getrennt und war selbständig – und mit sehr viel Soldatenglück – heil bis nach England zurückgekommen. Beaty, Don Gentile und ich – das war alles, was von den Piloten unserer Squadron übriggeblieben war.

Die Angelegenheit hatte übrigens noch ein Nachspiel. Die Spitfire IX war damals höchst geheim, weil man hoffte, mit der neuen Maschine der deutschen Jagdabwehr überraschend einen schweren Schlag versetzen zu können. Mit der Geheimhaltung war es jetzt vorbei, denn bei Brest lag fast eine ganze Squadron »auf der Schnauze«. Die Deutschen würden sich sehr eingehend mit der »Mark IX« beschäftigen, so viel war klar... Es kam zu einer hochnotpeinlichen Untersuchung, in deren Verlauf sich schließlich herausstellte, daß die Existenz der Höhenströmung durchaus bekannt gewesen war. Man hatte sie nur zu melden vergessen.

Einige Männer der Bodenkontrolle sollen dann in der Folge recht schnell irgendwohin in den Fernen Osten versetzt worden sein.

Am 29. September, drei Tage nach der Katastrophe bei Brest, wurden die »Eagle« Squadrons in Debden formell an die USAAF übergeben. Die auf so tragische Weise dezimierte 133. Squadron fand an diesem Tag keinen Grund zum Feiern. Darüber hinaus mußten wir auch noch unsere fast fabrikneuen »Mark IX« in Biggin Hill zurücklassen und übernahmen in Debden alte »Mark V«, mit denen nicht mehr viel Staat zu machen war. Die Pilotenverluste wurden übrigens ziemlich schnell wieder ersetzt, und wir waren bald wieder im Einsatz.

Gelegentlich flogen wir auch weiterhin Jagdschutz für die über deutschbesetztem Gebiet operierenden Bomberverbände, aber wegen unserer geringen Reichweite waren diese Einsätze nicht sehr erfolgreich. Immer wieder konnten wir beobachten, wie sich die deutschen Jäger in respektvoller Entfernung hielten und erst dann die Bomber angriffen, wenn wir mangels ausreichender Kraftstoffvorräte abdrehen und auf Heimatkurs gehen mußten.

Im Januar 1943 besuchte uns General Hunter, der Chef des VIII. Fighter Command, in Debden. Er versprach uns eine Überraschung: wir sollten schon bald mit der P-47 Thunderbolt, dem damals neuesten amerikanischen Jagdflugzeug ausgerüstet werden. Während Hunter noch sprach, hörten wir plötzlich fremde Motorengeräusche. Das war keine Spitfire...

Dann sahen wir, daß draußen auf dem Platz schon eine der neuen Thunderbolt gelandet war. Mein Gott, war das ein Riesenvogel! Die Flächenspitzen der P-47 überragten glatt die Kabine der Spitfire, so hoch war die neue Maschine. Alles war übergroß. Wenn man sich in der Spitfire festschnallte, fühlte man sich wie ein Teil der Maschine. In der P-47 aber war das Cockpit sehr geräumig. Man hatte direkt Angst auszurutschen und sich ein Bein zu brechen, falls man in der Kabine des Riesenvogels vom Pilotensitz abrutschte. Der Gedanke, mit der Thunderbolt in den Krieg zu ziehen, kam uns nicht gerade ermunternd vor. Wir hatten schon mit der kleinen Spitfire V viel Mühe gegen die deutschen Focke-Wulf – aber was um Himmels willen sollten wir mit diesem neuen sieben Tonnen schweren Monster anfangen? Das Ganze sah aus wie ein richtiger »Luftunterlegenheitsjäger«. Die ersten Übungsluftkämpfe, die wir mit der P-47 gegen Spitfire austrugen, schienen unsere schlimmsten Befürchtungen noch zu übertreffen: wir verloren in kurzer Zeit vier Piloten.

Wenn man sich mit der Thunderbolt in geringer Höhe gegen die Spitfire im Kurvenkampf versuchte, war der Riesenkasten nicht zu halten und schmierte einfach ab. Schließlich wurde es uns ausdrücklich verboten, die P-47 bei Übungsluftkämpfen in Höhen unter 2400 Metern zu fliegen.

Allmählich lernten wir auch mit der Thunderbolt richtig umzugehen. In großer Höhe, so fanden wir heraus, war sie wirklich ein »schnelles Eisen« und im Sturzflug war sie ganz ausgezeichnet. In ausgedehnte Kurvenkämpfe mit dem Gegner durfte man sich allerdings nicht einlassen, sondern es war wesentlich besser, aus überlegener Höhe im Sturz herunterzutauchen, der Feindmaschine einen Feuerstoß zu verpassen und dann wieder schnell hochzuziehen. Im Sturzflug war die P-47 ausgezeichnet, da konnte kein Feindjäger mithalten. Was aber letzten Endes so entscheidend für die Thunderbolt sprach, war ihre überlegene Reichweite. Endlich hatten wir ein Flugzeug mit genügend Eindringtiefe, um den Gegner wirklich zu packen. Es nützte nichts: wir mußten unsere wunderschönen und so lieb gewordenen kleinen Spitfire aufgeben. Der Krieg und die technische Entwicklung gingen weiter, und wir durften nicht stehen bleiben.

Sicherlich war es militärisch notwendig, daß wir auf die Thunderbolt umstiegen, aber mein Herz gehörte nur der Spitfire. Sogar heute noch, nach 30 Jahren, brauche ich nur eine Spitty zu sehen oder zu hören und alles ist wieder da... Dann kommen die vielen Erinnerungen an damals zurück. Die Spitfire, das war ein wunderbar gutmütiges kleines Flugzeug. Sie verzieh sehr viel und war ohne jede Spur von Heimtücke. Und sie war einfach traumhaft zu fliegen. Eigentlich tut mir jeder moderne Jagdflieger leid: wer niemals in der Kabine einer Spitfire gesessen ist, weiß nicht, was fliegen heißt!

Spitfire im Mittelmeerraum

JK2 26

ZX
A

Links außen: Tunesien, Anfang 1943: eine vermutlich zur 242. Fighter Group gehörende Spitfire V auf einer der damals neu eingeführten »Sommerfield« Metallmatten. Die »Sommerfield« Matten dienten zur schnellen Herstellung von wetterfesten Flugpisten. Zunächst wurde der Boden planiert, dann mit Kokosfasermatten belegt und schließlich mit »Sommerfield« Matten abgedeckt.

Links Mitte: Unter den nach den anglo-amerikanischen Landungen in Nordafrika in Algerien und Marokko stationierten Jagdverbänden waren auch die mit Spitfire V ausgerüsteten 31. und 52. Fighter Group der USAAF. Die abgebildete Spitfire gehörte zur 308. Fighter Squadron im Rahmen der 31. Fighter Group.

Links und oben: Immer unter den ersten: die 145. Squadron war der erste britische Verband, welcher im Juni 1942 in Nordafrika mit der Spitfire V in den Einsatz ging. Die »145.« war auch die erste Squadron, welche nach Beginn der alliierten Invasion nach Sizilien verlegte. Die Aufnahme entstand am 13. Juli 1943, am dritten Tage nach Beginn der alliierten Landungen: eine Spitfire schwebt zur Landung auf dem Feldflugplatz von Pachino ein. Die Jagdverbände fielen oft schon auf den Feldflugplätzen ein, bevor die Anlagen noch von den Heerespionieren fertiggestellt waren.

Oben: Dieser »häßliche Vogel«, eine Spitfire V, ist die Maschine von Leutnant R. Alexander und gehörte zur 52. (amerikanischen) Fighter Group.

Auf dem Platz von Canne in Italien: eine »Mark VIII« der 92. Squadron ist im Schlamm steckengeblieben und wird von Männern des Bodenpersonals »aufs Festland« geschoben.

Winter 1943: Spitfire der 43. Squadron auf dem Flugplatz von Capodichino in der Nähe von Neapel. Im Hintergrund der teilweise in Wolken gehüllte Vesuv.

Spitfire V der 2. (südafrikanischen) Squadron im Flug über dem adriatischen Meer. Jede Maschine ist mit vier Kanonen bewaffnet.

Kriegsschauplatz Italien: eine Spitfire Mark IX der zur 31. (amerikanischen) Fighter Group gehörenden 309. Squadron.

Oben: General Doolittle in der Kabine einer Spitfire V einer amerikanischen Jägersquadron in Italien.

Rechts: Kampfraum Nordafrika: in einer britischen Feldfliegerwerft wird der Motor einer Spitfire überprüft. Nach den Kennbuchstaben gehört die »Spitty« zur 52. (amerikanischen) Fighter Group, auf den – offenbar nachträglich ausgewechselten – Tragflächen befinden sich jedoch britische Hoheitsabzeichen.

Oben: Nach dem Start von einem italienischen Feldflugplatz: eine Spitfire HF Mark VIII der 417. (kanadischen) Squadron zieht eben ihr Fahrwerk ein. Auf dem Bild sind die längeren spitz zulaufenden Tragflächenenden gut zu erkennen, die für den Einsatz in großen Höhen montiert wurden.

Links oben: Nach den alliierten Landungen auf dem italienischen Festland im Jahre 1943 wurden viele Spitfire zur Erdkampfunterstützung verwendet und zu diesem Zweck teilweise bei den Verbänden selber umgerüstet. Die Aufnahme zeigt eine als »Jabo« umgebaute Spitfire der 126. Squadron. Die Maschine trägt unter jeder Tragfläche eine 125 kg Bombe als Außenlast. Das auf dem Foto sichtbare von oben her zur Bombenspitze verlaufende Drahtstück diente zur Arretierung des Bombenzünders im Fluge. Der Zünder wurde nach einer bestimmten Zahl von Umdrehungen des am Kopf der Bombe befindlichen kleinen Luftschaufelrades aktiviert. Beim Bombenabwurf über Feindgebiet blieb das Drahtstück an seinem Platz unter der Fläche. Wenn die Bombe – beispielsweise im Notwurf – über eigenem Gebiet abgeworfen wurde, konnte der Pilot auf elektromagnetischem Wege das Zünderschaufelrad blockieren und dadurch das Scharfwerden der Bombe beim Abwurf verhindern. Derartige Sicherheitsmaßnahmen waren übrigens bei der abgebildeten Bombe nicht notwendig: sie wurde über einer deutschen Funkmeßanlage in Albanien abgeworfen.

Rechts oben: Auf dem Feldflugplatz der 126. Squadron in Grottaglie (Italien) im März 1944. Der Rumpf der Spitfire ist hinten auf einem leeren Ölfaß aufgebockt. Im Vordergrund sind zwei zum Einbau fertige Kühlerteile sichtbar – eine mühselige und beim Bodenpersonal äußerst unbeliebte Arbeit. Hinter der Leiter ist die Bodenfläche für den Pilotensitz erkennbar. Auf der rechten Tragfläche liegt die lange Griffstange für die hydraulische Handpumpe zum Ein- und Ausfahren des Fahrwerks. Daneben erkennt man eine Munitionstrommel für die – ebenfalls ausgebaute – rechte Tragflächenkanone. Ein durchaus unvorschriftsmäßiges, aber universell verwendbares Werkzeug liegt vorne auf der improvisierten Werkbank: der ausgeschossene und nicht mehr verwendungsfähige Lauf eines Browning-Maschinengewehres!

Gegen die Japaner

Anfang 1943 wurde die 54. Squadron zur Abwehr möglicher japanischer Angriffe nach Darwin in Nordaustralien verlegt. Die Aufnahme zeigt eine vor ihrem mit Tarnnetzen gegen Fliegersicht abgedeckten Liegeplatz abgestellte Spitfire V.

Zu Beginn des Jahres 1944 erhielt die 54. Squadron neue Spitfire VIII. Die ebenfalls in Darwin entstandene Aufnahme zeigt eine »Mark VIII«. Interessant sind der Vierblattpropeller, die aus vier Flächenkanonen bestehende Bewaffnung und die für den Höhenjagdeinsatz an den Enden spitz zulaufenden Tragflächen.

Unten: Die Spitfire von Squadron Leader Eric Gibbs, der die 54. Squadron in Darwin befehligte, wird vom Bodenpersonal auf den Abstellplatz geschoben.

Links außen: Das über die Spitfire gespannte Tarnnetz wirft ein interessantes Schattenmuster auf die eben einsatzbereit gemachte Maschine. Das Foto entstand ebenfalls in Darwin.

Links: Flight Lieutenant Tony Foster (links) im Gespräch mit Flying Officer Tony Hughes. Foster gehörte zu den erfolgreichsten Piloten der 54. Squadron. Er erzielte während der Luftschlacht um England 3,5 bestätigte Abschüsse (einen teilte er sich mit einem anderen Piloten) und brachte am 6. Februar 1943 als erster Pilot der Squadron im neuen Einsatzgebiet ein Feindflugzeug – einen hochfliegenden japanischen Aufklärer – zum Absturz.

Unten: Eine Spitfire rollt zum Start.

Die Spitfire aus der Sicht des Aerodynamikers

Von Sir Morien Morgan

In der Zeit zwischen dem Erstflug des Prototyps bis in die Jahre nach dem Ende des Zweiten Weltkrieges wurde die Spitfire ständig verbessert und weiterentwickelt. In folgendem Beitrag beschäftigt sich Sir Morien Thomas zusammenfassend mit diesen kontinuierlichen Entwicklungen, die ganz entscheidend dazu beitrugen, daß die Spitfire wesentlich länger als viele andere Flugzeugtypen im aktiven Einsatz bei den Jagdverbänden bleiben konnte.

Sir Morien Morgan

Im Jahre 1935 kam ich zur »Aerodynamics Flight« (Aerodynamische Abteilung) am Royal Aircraft Establishment in Farnborough. Ich interessierte mich schon damals besonders für Fragen der Flugstabilität. 1935 – das war eine Zeit, in der eine ganze Anzahl von modernen Eindeckern gebaut wurde, die nicht nur schneller flogen und stiegen als die bis dahin üblich gewesenen Doppeldecker, sondern auch wesentlich höhere Landegeschwindigkeiten hatten als die älteren Flugzeuge. Eine von diesen neuentwickelten Maschinen war auch die Spitfire. Ich erinnere mich noch gut, mit welchem Eifer und mit wie großem Interesse man sich damals an die Entwicklung moderner und schneller Flugzeugmuster machte und mit welchem Enthusiasmus auch an all den im Zusammenhang damit gegebenen wissenschaftlich-technischen Problemen gearbeitet wurde. Auch die Flieger selber stellten sich mit viel Energie und Begeisterung auf die modernen Baumuster um. Man kann sagen, daß jeder sein Bestes gab: die Flugzeugbauer, die wissenschaftlichen Mitarbeiter und selbstverständlich auch die Piloten selber.

Selbstverständlich ging das alles nicht einfach und problemlos vor sich. Auch bei der Entwick-

Ein Blick in die Spitfire Abteilung des großen Flugzeugreparaturwerkes des »Air Service Training« in Hamble.

In einer Zeit, als Masseneinsätze auch im Luftkrieg entschieden, waren funktionierende Reparatureinrichtungen ebenso wichtig wie die Neuproduktion in den Fabriken.

Auch diese Spitfire XII der 91. Squadron war kein »Totalbruch«: die Maschine wurde im Reparaturwerk in Hamble wieder instandgesetzt.

blem. Allerdings wurden diese Propeller erst nach dem Ende des Zweiten Weltkrieges eingeführt und auch dann nur bei verhältnismäßig wenigen Maschinen verwendet.
Ich habe nun einige von den Problemen angeführt, die im Rahmen der Entwicklung der Spitfire aufgetreten sind. Man muß aber sagen, daß die Maschine dank ihrer ausgezeichneten Konstruktion mit allen Schwierigkeiten fertig wurde. Besonders durch die geglückte Konstruktion ihrer Tragflächen – sie waren bei der Spitfire dünner als bei den meisten anderen Jagdflugzeugen dieser Epoche – gab es sowohl mit den ständig stärker werdenden Triebwerken als auch mit den wachsenden Fluggeschwindigkeiten keine wirklich unlösbaren Probleme.
An den Flächenwurzeln der Spitfire betrug das Verhältnis der Profildicke zur Profilsehne etwa 13 Prozent! Das war ein sehr günstiger Wert: bei der Bf 109 betrug dieser Wert 14,8 Prozent, bei der Hurricane sogar 16 Prozent und bei der wegen ihrer sauberen Konstruktion hochgerühmten amerikanischen P-51 Mustang ebenfalls 16 Prozent.
Schon während des ersten Kriegsjahres verlangten die Einsatzverbände immer wieder, daß die Jagdmaschinen höhere Sturzgeschwindigkeiten aushalten sollten. Diese Wünsche waren durchaus berechtigt, und wir bemühten uns auch sie zu erfüllen. Durch die steigenden Sturzgeschwindigkeiten kamen wir allerdings allmählich der Schallgrenze gefährlich nahe. Es kam an den Tragflächen zur Bildung von bedrohlichen Schockwellen.
Bei Tragflächen mit dickerem Profil bilden sich solche Schockwellen bereits bei Mach 0,7 (dies entspricht – mit gewissen Abweichungen je nach den Temperaturverhältnissen – etwa 800 km/h in einer Höhe von 6000 m). Je näher die Flugzeuge im Sturz der Schallgeschwindigkeit kamen, desto intensiver wurden die Schockwellen. Das führte zu Störungen und Anomalien im Strömungsfluß über den Tragflächen und Ruderteilen und damit zu sehr unangenehmen und gefährlichen Flugsituationen. Man kann auch bei relativ hohen Fluggeschwindigkeiten das Entstehen von Schockwellen – wenn auch nicht verhindern – so doch verzögern, indem man nach hinten gepfeilte Tragflächen oder doch zumindest solche mit sehr dünnem Profil verwendet.
Die Spitfire bot sich damit für unsere im Mai 1943 beginnenden Hochgeschwindigkeitsversuche als ideales Baumuster an. Während der Flugversuche erzielte Sqadron Leader »Marty« Martindale mit einer Spitfire XI Sturzgeschwindigkeiten bis zu Mach 0,9.*
Das waren für ein immerhin bereits im Jahre 1935 konstruiertes Flugzeug recht beachtliche Geschwindigkeiten, die nach meinem Wissen erst im Jahre 1948 von den Amerikanern während ihrer Versuche mit der raketengetriebenen Bell »X-1« neuerlich erreicht und überschritten wurden. Bis zur Einführung der F-86 Sabre im Jahre 1951 verfügte die RAF jedenfalls über kein Baumuster, welches die »Spitty« in der Sturzgeschwindigkeit übertraf.
Während eines dieser Versuche im April 1944 kam es zu einem dramatischen Zwischenfall, als bei der mit mehr als 960 km/h von Squadron Leader Martindale im Sturz geflogenen Spitfire der Öldruck der Propellerverstellung plötzlich radikal abfiel. Die Folge war, daß sich der Propeller immer schneller zu drehen begann, bis die Luftschraubenblätter schließlich brachen

* Um derartig hohe Fluggeschwindigkeiten zu erreichen, mußte die Spitfire aus einer Höhe von 12000 Metern in einem Sturzwinkel von 45 Grad bis auf 6000 Meter geflogen werden. Solche Spitzengeschwindigkeiten wurden allerdings in der Praxis in Luftkämpfen niemals erreicht. Erst gegen Ende des Zweiten Weltkrieges erreichten Spitfire-Aufklärer tatsächlich solche Geschwindigkeiten, wenn sie sich im Sturzflug deutschen »Turbos« zu entziehen versuchten.

und der längst auf unerträglichen Übertouren laufende Motor den Geist aufgab. Der Pilot aber behielt die Nerven und die Maschine unter Kontrolle und landete die »Spitty« nach einem Gleitflug von etwa 32 Kilometern sicher in Farnborough. Schon im darauffolgenden Monat kam es neuerlich zu einem Zwischenfall: bei einer ebenfalls auf einem Hochgeschwindigkeitsflug befindlichen Spitfire versagte der Lader. Diesmal hatte »Marty« Martindale weniger Glück: das Wetter war schlecht und die Maschine kam in einem Wald in der Nähe des Flugplatzes von Farnborough zu Bruch. Obwohl Martindale beim Absturz Rückgratverletzungen davongetragen hatte, konnte er sich nicht nur mit eigener Kraft aus der Maschine befreien, sondern er barg auch noch die Kamera, mit der während des Fluges wichtige Aufnahmen gemacht worden waren, aus dem brennenden Wrack. Für seine mutige Tat wurde Martindale mit dem Air Force Cross (AFC) ausgezeichnet.

Wieso aber war die Spitfire tatsächlich ein so gutes Flugzeug? Meiner Ansicht nach ist dieser Umstand darauf zurückzuführen, daß die Maschine ein so dünnes Tragflächenprofil aufwies. Sicher hat sich Reginald Mitchell bei der Konstruktion des Flugzeuges um jedes kleine Detail in vorbildlicher Weise gekümmert, aber die Tatsache, daß die »Spitty« so lange technologisch in jeder Hinsicht auf der Höhe blieb, ist sicherlich auf das günstige Flügelprofil zurückzuführen. Es war schmaler als bei allen anderen Jagdflugzeugen jener Zeit. Wenn man bedenkt, daß Mitchell von den in der Nähe der Schallgrenze herrschenden Flugbedingungen selbstverständlich keine genauen Vorstellungen haben konnte, war die Konstruktion, welche er für die Tragflächen wählte, nicht nur kühn, sondern geradezu genial. Heute ist es klar, daß Mitchell damals wirklich eine optimale Lösung fand: wären die Tragflächen nur noch etwas dünner geraten, wären sie zu schwach gewesen und es wäre im niedrigen Geschwindigkeitsbereich zu Querruderanomalien gekommen. Und wenn das der Fall gewesen wäre, dann wäre die Spitfire ein Versager geworden wie so viele andere Flugzeuge.

Jedem Gegner gewachsen

Die »Mark XIV« war die leistungsstärkste Baureihe der Spitfire, welche noch vor Ende des Zweiten Weltkriegs zu den Einsatzverbänden kam. Im Frühjahr 1944 war die 610. Squadron als erste mit der »Mark XIV« ausgerüstete Einheit einsatzbereit – das war acht Jahre, nachdem der erste Prototyp der Spitfire seinen Erstflug absolviert hatte und fünfeinhalb Jahre, seit die Auslieferung der »Mark I« zu den Verbänden begonnen hatte. Wie war es im Frühjahr 1944 aber um die Leistungsfähigkeit der »Spitty« im Vergleich zu den anderen modernen Jagdflugzeugen der RAF, den amerikanischen und den deutschen bestellt? Diese Frage läßt sich recht genau beantworten, da die aus einem Anfang 1944 von der »Air Fighting Development Unit« durchgeführten Vergleichsfliegen stammenden Erfahrungsberichte erhalten geblieben sind. Beteiligt waren britische Tempest V, amerikanische Mustang III (P. 51B), die deutsche Focke-Wolf Fw 190A und die Messerschmitt Bf 109G. Reginald Mitchell hat dieses Vergleichsfliegen nicht mehr erlebt. Das ist schade, denn er hätte auf seine Spitfire recht stolz sein können:

Kurzer taktischer Vergleich mit der Tempest V

Reichweite und Flugbereich:
Die festgestellten Werte wurden an beiden Flugzeugtypen bei hoher Normalfluggeschwindigkeit erhoben. Bei einer Fluggeschwindigkeit von 450 km/h sind bei den Vergleichsmustern die Reichweiten etwa gleich. Dies gilt für den Einsatz mit oder ohne Zusatztanks.

Höchstgeschwindigkeit:
Von 0 bis 3000 Meter ist die Tempest V um 32 km/h schneller als die Spitfire XIV. Bis zu einer Höhe von 3500 Meter sind die beiden Maschinen dann etwa gleich schnell. In größeren Höhen ist die Spitfire um 50 bis 65 km/h schneller. Die Dienstgipfelhöhe der Tempest V beträgt 9100 m, die der Spitfire XIV dagegen 12000 Meter.
Steigflug:
In dieser Beziehung gehören die beiden Baumuster verschiedenen Kategorien an. Die Tempest V steigt zunächst besser und schneller als die Spitfire XIV. Bei längerer Dauer des Steigfluges allerdings wird die Spitfire XIV schneller und überholt schließlich die Tempest V.
Sturzflug:
Im Sturzflug ist die Tempest V besser.
Wendekurven:
Die *Spitfire XIV* fliegt die engeren Wendekurven.
Rollen:
Die *Spitfire XIV* rollt schneller bei Geschwindigkeiten unter 480 km/h, bei Geschwindigkeiten über 560 km/h ist ihr die Tempest V überlegen.
Folgerungen:
Die verglichenen Flugzeugtypen sind taktisch sehr verschieden zu behandeln. Es sollten aus diesen Gründen nur mit Typhoon ausgerüstete Einheiten auf die Tempest umgerüstet werden und nur mit Spitfire versehene Squadrons auf die Spitfire XIV. Dieses Vorgehen sollte unbedingt immer eingehalten werden, weil die Piloten die Maschinen ihrer Art nach bereits kennen und die Umrüstungsmuster in ihren Eigenschaften den bisher geflogenen Maschinen jeweils ziemlich ähnlich sind. Leistungsmäßig ist die Tempest V unter 6000 m besser; in Höhen über 6000 m ist die Spitfire XIV die bessere Maschine.

Die 610. Squadron war eine der ersten Einheiten, welche die Spitfire XIV erhielten. Die Maschine im Vordergrund fliegt der Kapitän der Squadron, Squadron Leader R. Newbury.

Taktischer Vergleich mit der Mustang III:

Reichweite:
Ohne Zusatztanks hat die Spitfire eine wesentlich geringere Reichweite als die Mustang. Mit einem 410 Liter-Zusatztank hat die Spitfire XIV etwa die halbe Reichweite einer mit zwei Zusatztanks von je 285 Liter Fassungsvermögen ausgerüsteten Mustang III.
Höchstgeschwindigkeit:
Diese ist bei beiden Baumustern etwa gleich.
Steigflug:
Die Spitfire XIV ist wesentlich besser.
Sturzflug: Die Mustang ist besser.
Wendekreis: Die Spitfire XIV ist besser.
Rollen: Die Spitfire XIV ist im Vorteil.
Schlußfolgerung:
Mit Ausnahme von Reichweite und Flugdauer sind keine wesentlichen Leistungsunterschiede festzustellen. Im Luftkampf wären beide Maschinen einander etwa gleichwertig. Welcher der Vorrang zu geben ist, wäre reine Geschmacksache.

Vergleichsfliegen mit der Fw 190 A

Höchstgeschwindigkeit:
Von 0 bis 1500 Meter und zwischen 4500 und 6000 Meter ist die Spitfire XIV um etwa 35 km/h schneller.
In allen anderen Höhen ist die Spitfire XIV bis etwa 95 km/h schneller als die Fw 190 A. Es ist anzunehmen, daß die Fw 190 A in allen Höhen etwa dieselbe Geschwindigkeit hat wie die neue mit einem Daimler Benz DB 603 ausgerüstete Focke Wulf Fw 190*.

* Diese Beurteilung bezieht sich auf die mit einem DB 603 ausgerüstete Fw 190 D (»Langnase«), mit deren Erscheinen die Alliierten auf Grund von Geheimdienstmeldungen schon seit längerer Zeit gerechnet hatten. Tatsächlich stießen die anglo-amerikanischen Luftwaffenverbände erst im Spätsommer 1944 auf den neuen deutschen Jäger.

Steigflug:
Die Spitfire XIV steigt in allen Höhen schneller als die Fw 190 A. Das gilt vermutlich auch für die mit dem DB 603 ausgestattete Fw 190.
Sturzflug:
Im Sturz ist zunächst die Fw 190 etwas schneller, bei längeren Sturzflügen aber holt die Spitfire etwas auf.
Wendekurven:
Die Spitfire XIV hat einen engeren Wendekreis als die Fw 190. In nach rechts geflogenen Wendekurven ist die Überlegenheit der Spitfire etwas geringer.
Rollen:
Die Fw 190 ist hier wesentlich besser als die Spitfire
Schlußfolgerungen:
In der Verteidigung sollte die Spitfire besonders ihre überlegene Steiggeschwindigkeit und ihre ausgezeichneten Kurvenflugeigenschaften ausspielen. Im Angriff kann sie es durchaus mit dem deutschen Baumuster aufnehmen. Die Fw 190 ist allerdings im Sturzflug und im Rollen besser. Wenn die Spitfire eine im Sturzflug befindliche Fw 190 verfolgt, hat sie erst dann eine echte Chance, wenn der Deutsche wieder hochzieht.

Vergleichsfliegen mit der Bf 109 G:

Höchstgeschwindigkeit:
Die Spitfire XIV ist in allen Höhen um etwa 65 km/h schneller. In Höhen von etwa 4800 m beträgt die Geschwindigkeitsdifferenz allerdings nur mehr etwa 16 km/h.
Steigflug:
Gleiche Ergebnisse: in 4800 m Höhe sind beide Maschinen gleichwertig, in allen anderen Höhen ist die Spitfire XIV überlegen. Im steilen Aufwärtsflug (ohne Vollgas) sind beide Maschinen gleichwertig. Beim Steigflug mit Voll-

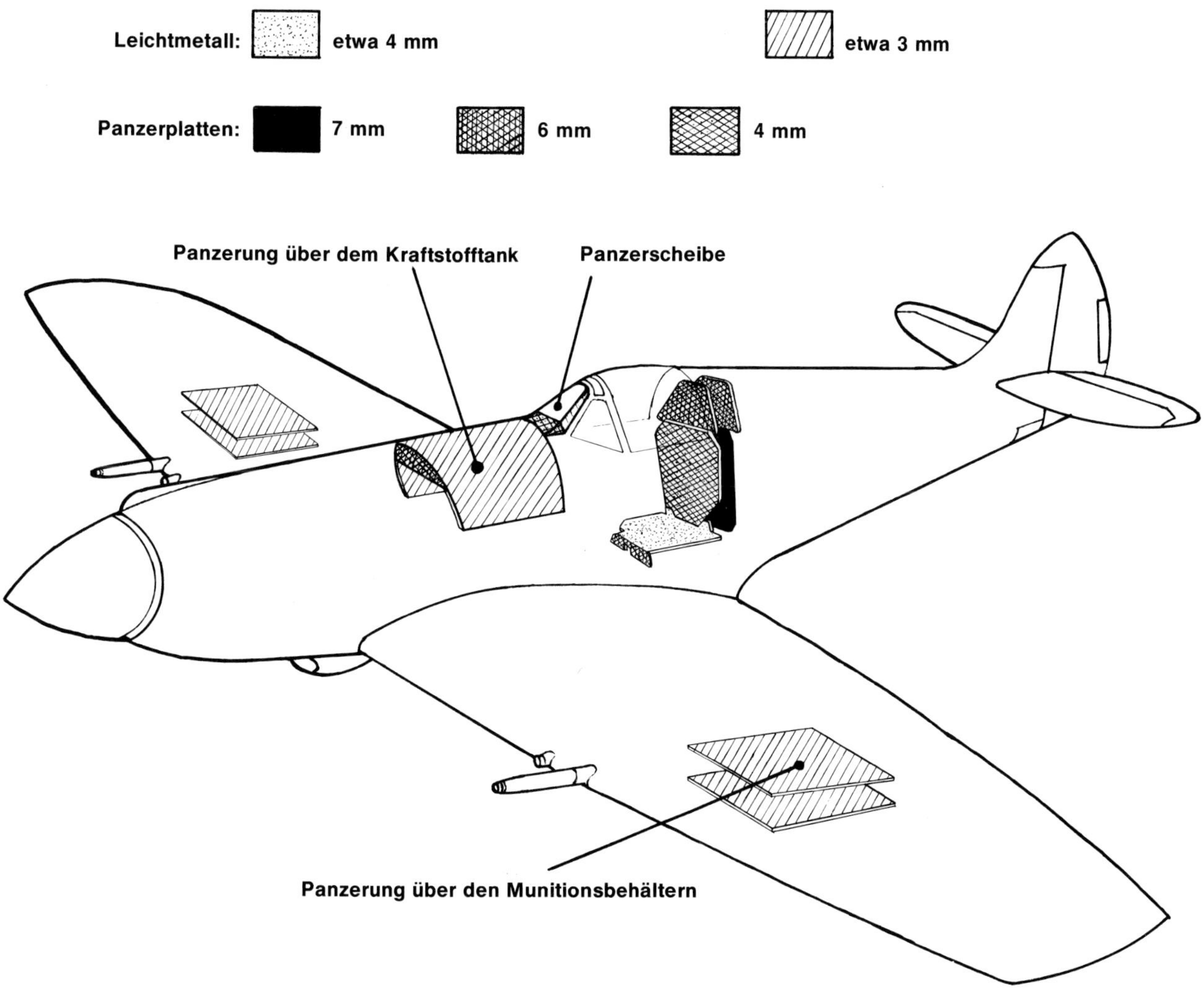

Die ersten an die Verbände ausgelieferten Spitfire I waren noch ungepanzert. Wenig später erhielt der Pilotensitz jedoch eine Rückenpanzerung und gleichzeitig wurden auch gepanzerte Kabinenfrontscheiben eingeführt. Die bei der Spitfire XIV verwendete Panzerung entsprach dem bei den Westalliierten üblichen Standard der letzten Kriegsjahre: der Panzerschutz sollte die Piloten verläßlich gegen die Trefferwirkung von aus mittlerer Entfernung abgefeuerten 20 mm panzerbrechenden Geschossen von hinten und gegen 13 mm Geschosse von vorne sichern. (Dabei war beim Panzerschutz nach hinten an den Beschuß aus 20 mm MK deutscher Jäger gedacht. Die Panzerung gegen 13 mm Geschosse von vorne diente zum Schutz gegen die Abwehrbewaffnung deutscher Kampfflugzeuge. Selbstverständlich gewährte auch der Motor des Jagdflugzeuges dem Piloten zusätzlichen Schutz gegen Beschuß von vorne.)

gas zieht die Spitfire der Messerschmitt dagegen glatt weg.
Sturzflug:
Im Sturzflug ist die Bf 109 G zunächst etwas schneller, bei Geschwindigkeiten ab 610 km/h holt die Spitfire dann aber auf.
Wendekreis:
Die Spitfire ist deutlich überlegen. Sie kurvt die Bf 109 G sowohl in Rechts- als auch in Linkskurven leicht aus.
Rollen:
Die Spitfire ist deutlich überlegen.
Schlußfolgerungen:
Die Spitfire XIV ist der Bf 109 G in jeder Beziehung überlegen.
Flugleistungen mit Zusatztank (Fassungsvermögen: 410 Liter).
Da die Reichweite der Spitfire XIV verhältnismäßig beschränkt ist, muß bei diesem Baumuster an die Verwendung eines 410 Liter Kraftstoff fassenden Zusatztanks gedacht werden. Zusatztanks mit 205 oder 136 Liter Fassungsvermögen dürften sich als unzureichend erweisen. Mit den beiden letztgenannten Tanks sind noch keine praktischen Flugversuche durchgeführt worden. Die nachstehenden Feststellungen über das Flugverhalten beziehen sich auf die Verwendung eines 410-Liter-Zusatztanks. Bei Verwendung der kleineren Zusatztanks dürften die Werte ähnlich liegen.
Tankabwurf:
Für die Versuche wurde eine federverstärkte Abwurfvorrichtung wie bei der Spitfire IX verwendet. Die Abwurfversuche wurden bei einer Geschwindigkeit von 400 km/h in Höhen von 15 m und 7600 m jeweils mit leeren Tanks durchgeführt. Es treten keine ernstzunehmenden Schwierigkeiten auf. Die Aufnahmen mit der Kontrollkamera beweisen, daß die Tanks nach dem Abwurf einwandfrei von der Maschine abkommen. Die weitere praktische Erprobung zur Überprüfung der festgestellten Ergebnisse wird empfohlen.
Geschwindigkeiten:
Bei der Verwendung von Zusatztanks geht die Geschwindigkeit beim Flug mit Vollgas und auch die Reisefluggeschwindigkeit jeweils um etwa 32 km/h zurück. Die Spitfire XIV ist jedoch auch dann in Höhen über 6000 m immer noch schneller als die Fw 190 A und die Bf 109 G.
Steigflug:
Die Steigflugleistung wird bei Verwendung von Zusatztanks deutlich beeinträchtigt. Mit Zusatztanks ist die Steigflugleistung der Spitfire XIV einer ohne Zusatztanks fliegenden »Mark IX« gleich. Das bedeutet, daß die Steigleistung der »Mark XIV« bei Verwendung eines Zusatztanks jener der Fw 190 A oder der Bf 109 G immer noch gleichwertig ist. Die Leistung im unvermittelten (»gerissenen«) Steigflug wird kaum beeinträchtigt.
Sturzflug:
Wenn der Tank etwa zu einem Drittel voll ist, bleibt die Sturzflugbeschleunigung unverändert.
Wendekreis:
Bei Verwendung von Zusatztanks wird der Wendekreis der Spitfire XIV eindeutig weiter, bleibt aber dem der Fw 190 A und dem der Bf 109 G immer noch gleichwertig.
Rollen:
Hier kommt es kaum zu Leistungsveränderungen.

Schlußfolgerungen:
Auch bei Verwendung eines 410-Liter-Zusatztanks bleiben die Flugleistungen der Spitfire XIV jenen der Fw 190 A und der Bf 109 G in jeder Beziehung zumindest gleichwertig bzw. überlegen. Überlegenes Steigflug- und Kurvenflugverhalten der Spitfire XIV sind ihre Hauptvorteile.

Nur eines ist noch aufregender . . .

Von Frank Hercliffe

Eine vom Übungsflug zurückkehrende Seafire unmittelbar vor der Landung auf dem Deck des Geleitträgers HMS »Ravager«. Der Mann mit den Anzeigekellen ist Leutnant Astin. Leutnant Cunningham (im Vordergrund mit Mütze) beobachtet den Anflug mit fachmännischem Interesse.

Rechte Spalte: Eine Seafire L. 11c der 879. Squadron landet auf dem Deck des Flugzeugträgers HMS »Attack«. Die Maschine fliegt zu niedrig an. Der Anzeiger hinter dem Schirm rechts im Bild hat die Arme hochgehoben: »Sie kommen zu tief!«

Der Pilot gibt Gas und zieht etwas hoch (2. Bild), um über die Kante des Flugdecks zu kommen. Jetzt ist er zu hoch und verfehlt alle Fangseile...

...und fliegt knapp über dem Landedeck weiter. Das geht schief!

Das Ende einer mißglückten Landung: die Seafire kracht in das Leitwerk einer abgestellten Maschine und kommt mit Kopfstand zum Stehen.

Seitenmitte oben: Es gibt nichts mehr zu reparieren. Alle noch verwendungsfähigen Teile werden aus der bruchgelandeten Seafire ausgebaut, und dann werden Rumpf und Tragflächen mit Äxten eingeschlagen, damit die Maschine schneller sinkt.

Seitenmitte unten: Das Flugzeugwrack wird vorsichtig ins Meer gehievt. Die Maschine darf nicht zu schnell sinken, damit nicht die Ruder und Schraubenteile des Schiffes beschädigt werden.

Sobald das Wrack weit genug vom Schiff abgetrieben ist, werden die Haltetrossen gelöst. Und wieder versinkt ein Flugzeug im »größten Abfalleimer der Welt«.

Unten: Nicht nur Flugunfälle führten auf Flugzeugträgern zu Menschen- und Materialverlusten. In der Nacht des 6. August 1943 geriet der britische Geleitträger HMS »Hunter« in der Biskaya in einen schweren Sturm. An Bord des Schiffes befanden sich die Seafire der 899. und der 834. Squadron. Eine der Maschinen war nicht ausreichend festgezurrt und wurde aus den Halterungen gerissen. Obwohl man sich sofort bemühte, die Seafire wieder zu sichern, stieß die Maschine an das nächste neben ihr stehende Flugzeug und riß es ebenfalls aus seiner Verankerung. Jetzt war das Chaos unvermeidlich: innerhalb von kurzer Zeit begannen die Flugzeuge nun im Abstellhanger im Rhythmus des im schweren Seegang stampfenden Schiffes hin und her zu rollen und krachten dabei ineinander. Die Aufnahme zeigt die Situation am folgenden Tage: alle Maschinen sind schwer beschädigt. Die Flugzeuge sind Seafire der Baureihe 11c, welche noch nicht mit klappbaren Tragflächen ausgestattet waren.

Ein Tragflächenflugzeug auf einem Flugzeugträger zu landen, ist nicht leicht und erfordert großes fliegerisches Geschick. Eine Seafire aber auf dem kurzen Landedeck sicher hinzusetzen, war noch um einiges schwieriger. Irrtümer durfte man sich dabei nicht leisten!

Als ich als junger Sub-Lieutenant schon beinahe 100 Flugstunden auf der Seafire hatte, wurde es endlich ernst: ich sollte zum ersten Male auf dem Deck eines Flugzeugträgers auf See landen! Geübt hatte ich das in der Theorie schon oft: dazu gab es die »Naval Air Station« in Henstridge in der Grafschaft Somerset, wo man nachgebildete Flugzeugdecks von Flugzeugträgern aufgebaut hatte. Aber jetzt mußte ich wirklich beweisen, was ich konnte.

Ich startete an einem schönen Sonntag vom Marineflugplatz in Ayr und flog in 900 Meter Höhe in nordöstlicher Richtung dem Flugzeugträger HMS »Ravager« entgegen, der in der Nähe der Insel Arran kreuzte. Schon wenige Minuten nach dem Start sah ich die »Ravager« – oder besser gesagt, eigentlich nur ihr Kielwasser. Das Schiff stampfte mit 20 Knoten durch die See. Aus der Luft sah die »Ravager« geradezu lächerlich klein aus. Und darauf sollte ich wirklich landen?

Über Funk bekam ich Befehl, mich in die Sendefrequenz des Trägers einzuschalten. Ich ging auf 150 Meter herunter. Aus dieser Höhe sah die »Ravager« schon etwas größer aus, aber für meinen Geschmack immer noch zu klein. Ich begann den Anflug und erledigte wie automatisch alle längst gewohnten Handgriffe: Fahrwerk ausfahren, Landeklappen und Fanghaken aus, Propellerverstellung für den Landeanflug und fettes Kraftstoffgemisch. Dann zog ich meine Kombi stramm, streifte die Schutzbrillen über die Augen und schob die Kabinenhaube zurück.

Die Sicht nach vorne war bei der Seafire so schlecht, daß man den Flugzeugträger vor der Landung in einer Kurve anfliegen mußte, um das Landedeck überhaupt richtig im Auge behalten zu können.

Ich begann den Anflug daher etwa 800 Meter von der linken hinteren Seite des Landedecks entfernt und beugte dabei meinen Kopf aus der offenen Kabine, damit ich die Anflugsignale des auf der linken Seite des Decks stehenden Signalmannes richtig erkennen konnte. Während der letzten Phase des Anfluges mußte ich mich ganz auf den Anzeiger unten auf dem Deck verlassen: da ich ja den Kopf über den Kabinenrand gebeugt hatte, konnte ich die Instrumente im Flugzeug nicht ablesen und war völlig auf die mir gegebenen Zeichen angewiesen. Aber zum Glück waren die Anzeigeleute auf den Trägern selber alle erfahrene Piloten, welche ihr Geschäft gut verstanden und beispielsweise die Geschwindigkeit einer zur Landung einschwebenden Seafire bis auf zwei oder drei Knoten richtig abzuschätzen vermochten.

Der letzte Teil des Landeanfluges dauerte weniger als eine Minute, aber mir kam das damals wie eine Ewigkeit vor: Schnauze hoch, viel Gas und immer näher auf das schnell größer werdende Landedeck zu! Der Signalmann unten zeigte mir, daß alles in Ordnung war: jetzt ein Stück herunter... noch ein Stück... okay... okay...

Dann zog der Mann plötzlich den linken Arm horizontal vor die Brust: der Fanghaken der Seafire hatte die quer über das Landedeck verlaufende Haltetrosse erfaßt! Es war geschafft! Ich nahm sofort das Gas ganz zurück, und dann kam mir plötzlich alles um mich her sehr still vor. Ein Ruck: der Fanghaken hatte die zweite Haltetrosse erfaßt. Die Maschine wurde dadurch noch in der Luft weiter abgebremst. Und schließlich setzten die Fahrwerksräder mit einem Plumps auf dem Flugdeck auf. Die Seafire kam zum Stillstand – ich war gelandet! Da ich die Haltegurte fest angezogen hatte, war der Bremsdruck nicht besonders fühlbar gewesen. Jetzt liefen plötzlich von allen Seiten her Männer auf die Maschine zu: der Offizier der Deckkontrolle kam auf die rechte Tragfläche zugelaufen, zwei Seeleute kamen mit Bremsklötzen und machten sich am Fahrwerk meiner Seafire zu schaffen und aus den Augenwinkeln sah ich, daß andere Matrosen den Fanghaken aus den Halteseilen zu heben versuchten, um ihn wieder unter dem Rumpf des Flugzeuges zu arretieren.

Das nächste, woran ich mich wieder ganz genau erinnere, war die hocherhobene Signalfahne des DCO (Flugkontrolloffizier): der Befehl zum sofortigen Start! Ich brachte den Motor wieder auf die notwendige Drehzahl. Meine erste Landung war geglückt – aber für Stolz- und Erfolgsgefühle blieb mir kaum Zeit.

Der Start war eigentlich ganz einfach und unkompliziert. Erst nach dem Start gab es wieder eine Menge zu tun. Von einem Flugzeugträger startet man immer mit offener Kabinenhaube und mit nur halb verriegelter Einstiegklappe (links unter der Kabinenhaube). Das war eine Vorsichtsmaßnahme: wenn der Start schief ging und man ins Wasser fiel, mußte man schnell aus der Kabine kommen, bevor die Maschine zu versinken begann. Während des Starts selber hielt man den Steuerknüppel in der rechten Hand und betätigte den Gashebel mit der Linken. Sobald die Maschine in der Luft war, gab es den ersten Wechsel: Knüppel in die linke Hand und mit der rechten Griff zur Fahrwerksbetätigung, um die Räder einzuziehen. Dann ging es weiter: Knüppel wieder in die rechte Hand. Mit der linken Hand mußte man nämlich jetzt die Kabinenverriegelung arretieren. Und wieder Wechsel: linke Hand an den Knüppel, während man mit der rechten die Kabinenhaube nach vorne zog und verschloß. Zuletzt kam wieder die rechte Hand an den Steuerknüppel und man betätigte mit der linken den Sprechknopf: jetzt endlich durfte man der gespannt wartenden Umwelt mitteilen, daß man es geschafft hatte und in der Luft war. Was für eine Prozedur! Nachher fühlte ich mich wie der (im englischen Sprachraum) sprichwörtliche einarmige Tapezierer!

An diesem Tag flog ich acht Starts und Landungen, mit einer kleinen Kaffeepause dazwischen. Die dritte Landung wäre mir beinahe danebengelungen: von den insgesamt acht Bremsseilen erreichte ich erst die Nummer sieben und wäre fast gegen die Aufbauten gekracht.

So erfuhr ich, wie das ist, wenn man eine Seafire auf einem Geleitträger landet. Für mich war es jedenfalls die zweitaufregendste Sache, die ein Mann erleben kann...

Rechts: Eine Seafire III. Die »Mark III« war die erste mit klappbaren Tragflächen ausgestattete Version der Seafire.

Die obenstehende Aufnahme zeigt einige typische Außenlasten der Seafire.

Oben: Die Mine »Type A Mark VII«. Gewicht: ca. 227 kg

Mitte: Rauchbehälter. Gewicht: 906 kg

Unten: Die 113 kg schwere »B« Bombe. Die Abkürzung »B« steht für »buoyant« (schwimmfähig). Die Bombe war vorne hohl und besonders für den Einsatz gegen Schiffsziele konstruiert. Man warf die Bombe vor einem auf offener See in Fahrt befindlichen Schiff ab. Nach dem Aufschlagen sank die Bombe zunächst etwa 15 Meter tief unter die Wasseroberfläche. Dann trieb der vorne in der Bombe befindliche Luftkörper die Bombe wieder zur Wasseroberfläche zurück. Entsprechende Wurfberechnungen und vor allem auch Glück und Zufall vorausgesetzt, konnte der zur Oberfläche aufschwimmende Explosivkörper den schwach gepanzerten Kiel des fahrenden Schiffes von unten treffen und an ihm detonieren. Zu Anfang des Krieges versprach man sich von der »B« Bombe sehr viel. Sie wurde von mehreren Squadrons der RAF und der Fleet Air Arm (britische Marineluftwaffe) verwendet, bewährten sich jedoch im Einsatz infolge der Unmöglichkeit des genau gezielten Abwurfes nicht besonders.

Leutnant Dick Law in seiner Seafire. Die Maschine fliegt knapp neben einem zweiten Flugzeug, von dem aus die Aufnahme gemacht wurde. Die abgebildete Seafire mit der Seriennummer »MB 328« war die erste von insgesamt 48 Maschinen der Baureihe I B, welche Mitte 1942 bei »Air Services Training« von Spitfire V zu Seafire umgebaut wurden.

Spitfire als Artilleriefluglzeug

Von Dick Law

Rechts:
Dick Law, der Verfasser dieses Berichtes. Die Aufnahme stammt aus der Zeit nach dem Kriegsende und zeigt Law bereits als Commander.

Die Spitfire wurde während des Zweiten Weltkrieges für die verschiedensten Aufgaben verwendet, an die Reginald Mitchell wohl kaum gedacht haben mag, als er die »Spitty« auf dem Reißbrett entwarf.

Eine der ungewöhnlichsten Aufgaben der Spitfire war vielleicht ihr Einsatz als Beobachter für die schwere Schiffsartillerie während der Invasion in der Normandie im Sommer 1944. Dazu der nachstehende Bericht von Captain Dick Law:

»Im März 1944 flog ich als Leutnant in der 886. Squadron. Unsere Einheit war mit Seafire L III ausgerüstet. Es wurde uns eines Tages mitgeteilt, daß wir während der bevorstehenden Invasion in Frankreich für die Schlachtschiffe, Kreuzer und Artillerieträger als Beobachter fliegen sollten. Unsere Ziele, so hieß es, würden die schweren deutschen Küstenbatterien sein: großkalibrige Geschütze in massiven Betonstellungen. Von Anfang an wurde uns immer wieder erklärt, wie wichtig unsere Aufgabe als Artilleriebeobachter sein würde. Auf diese Weise kam nicht einem einzigen von uns der Gedanke, daß wir ja Jagdflieger waren und man uns hier eigentlich zu einem völlig »branchenfremden« Auftrag zu mißbrauchen beabsichtigte.

Nur massives Artilleriefeuer aus schweren Schiffsgeschützen konnte in – wenn nötig – tagelangem ununterbrochenem Einsatz die mächtigen deutschen Küstenbatterien ausschalten. Nur so konnten unsere an Land gehenden Truppen die ersten kritischen Phasen der Invasion überstehen. Allerdings: zielgenau mußte das Feuer außerdem sein – und dafür würden unter anderem auch unsere Seafire als fliegende Artilleriebeobachter sorgen.

Die Kampfgeschwader konnten während der Anfangsphasen der Invasion nicht allzuviel ausrichten: in geringer Höhe geflogene Angriffe wären zu verlustreich verlaufen und Hochangriffe waren zu ungenau, um gegen die deutsche Artillerie entscheidende Wirkung zu erzielen.

Zu den bereits vor Beginn der Landungen von unserer Aufklärung erkannten deutschen Geschützen würden selbstverständlich nach der Invasion sehr schnell noch weitere kommen. Darüber war man sich klar.

Allmählich brachte man uns Jagdfliegern die wichtigsten Kenntnisse über die Wirkungen von schwerem Artilleriefeuer bei: zunächst am Sandkasten, dann später mit einigen 25-Pfündern auf einem Schießplatz des Heeres und schließlich mit Unterstützung eines Kreuzers, der an der schottischen Küste imaginäre Landziele beschoß.

Ende Mai 1944 wurde unsere Squadron nach Lee on Solent, unseren zukünftigen Einsatzplatz verlegt. Das große Ereignis, für das wir so lange und eifrig geprobt hatten, schien knapp bevorzustehen.

Am 6. Juni 1944, dem ersten Tag der Invasion, flog ich mit meinem Rottenkameraden schon um sechs Uhr früh am Himmel über der Normandie. Wir sollten die Feuerbeobachtung für die Artillerie des Schlachtschiffes HMS »Warspite« übernehmen.

Ich muß dazu sagen, daß unsere als Artilleriebeobachter eingeteilten Seafire ihre Einsätze damals immer zu zweit flogen. Eine Maschine korrigierte das Feuer der Schiffsgeschütze und die andere flog in einiger Entfernung und in größerer Höhe Patrouille, um den Kameraden vor unliebsamen Überraschungen durch möglicherweise erscheinende Feindjäger abzusichern. Unser erstes Ziel war eine deutsche Batterie in Villerville in der Nähe von Trouville. Es handelte sich um sechs Geschütze vom Kaliber 15,5 cm in massiven betonarmierten Stellungen. Als ich über dem Ziel war, rief ich die

»Warspite« über Sprechfunk an: »Ziel gefunden, machen Sie sich feuerbereit!« Jeweils fünf Sekunden, bevor die »Warspite« eine Salve abschoß, rief sie mich über Funk an, und beim Abschuß selber kam noch die Meldung: »Abgeschossen!« und dann ein Zahlenwert, beispielsweise »52«. Der Zahlenwert gab die vorberechnete Flugzeit der Granaten zwischen Abschuß und Einschlag an. »52« bedeutete also: 52 Sekunden Flugzeit nach dem Abfeuern bis zu den 24 Kilometer hinter der Küste stehenden deutschen Geschützen.
Ich sah die »Warspite« von meiner Maschine aus und ich muß sagen, das war ein eindrucksvolles Bild. Das Schiff lag vor Anker und schoß jeweils eine Salve aus vier 38-cm-Geschützen. Sobald ich über Funk die Meldung »Abgeschossen« bekam, setzte ich meine Stoppuhr in Gang und flog auf die deutschen Stellungen zu, um die Einschläge genau beobachten zu können. Wenn die Granaten dann einschlugen, gab ich der »Warspite« die Korrekturwerte ebenfalls über Funk durch. Beispielsweise: »links 100, 400 mehr« (Die Zahlenangaben beziehen sich auf Yards). In der Zeit, während die Schiffsgeschütze nachgeladen wurden, flog ich wieder zur Küste zurück. Man gefährdete sich selber und den Sinn des gesamten Einsatzes nur mutwillig, wenn man über dem Ziel blieb und dabei vielleicht abgeschossen wurde. Sobald die »Warspite« wieder ihre Feuerbereitschaft meldete, flog ich in Richtung des Zieles zurück, um meine Bobachtungen zu machen. Während eine der ersten Salven unterwegs war, muß ich wohl etwas zu neugierig gewesen sein. Ich ging ziemlich nahe an das Ziel heran und plötzlich begann meine Seafire zu schwanken: da heulte doch tatsächlich eine der Granaten der »Warspite« – ein Riesenkoffer von fast einer Tonne Gewicht – in meiner Sichtweite am Flugzeug vorbei seinem Ziel entgegen! Bei der wei-

teren Beobachtung hielt ich mich daher aus gutem Grunde in respektvoller Entfernung und vor allem seitlich der Granatenflugbahnen!
Von Zeit zu Zeit versuchten auch die Deutschen ihrerseits die »Warspite« unter Feuer zu nehmen. Für uns Flieger sah das dann aus wie ein gigantisches Tennismatch. Einmal erzielten die Deutschen mit einer Artilleriesalve Nahtreffer und beschädigten die »Warspite« leicht.
Nach einer Einsatzdauer von etwa 40 Minuten wurde mein Treibstoff langsam knapp, und mein Rottenkamerad und ich warteten dann nur noch auf zwei andere zur Ablösung herankommende Seafire, bevor wir zu unserem Einsatzplatz nach Lee on Solent zurückflogen. Wir flogen dann später noch zwei Einsätze als Artilleriebeobachter für die »Warspite«.
Am zweiten Invasionstag, dem 7. Juni 1944, flogen wir Artilleriebeobachtung für die amerikanische Kriegsmarine an der Westflanke der Landeköpfe. Ich arbeitete mit dem amerikanischen Schlachtschiff USS »Nevada« zusammen. Es klappte alles vorzüglich, und als uns die beiden nächsten Seafire in der Luft ablösten, blieb meinem Rottenkameraden und mir selber noch so viel Kraftstoff, daß wir beschlossen, uns noch ein wenig »auf die Jagd« zu machen. Wir wollten bei dieser Gelegenheit passende Bodenziele angreifen.
Rückblickend muß ich sagen, daß unser damaliger Entschluß vielleicht doch etwas voreilig und unüberlegt war. Wir glaubten, die Invasion sei schon für uns entschieden – was sollte uns also schon geschehen, wenn wir die Deutschen noch ein wenig jagten? Ganz unverständlich war unsere damalige Stimmung allerdings nicht: wir waren vor der Invasion auf harte Kämpfe mit der deutschen Luftwaffe gefaßt gewesen; als es aber dann soweit war, beherrschten unsere Maschinen den Luftraum so vollständig, daß wir es anfänglich kaum für möglich hielten. Und mein Kamerad und ich wollten uns nun auch persönlich ein paar Lorbeeren verdienen.
Als wir vor uns auf dem Boden eine deutsche Artilleriestellung entdeckten, war unser Entschluß schnell gefaßt: die Geschütze und die Kanoniere dort unten würden wir »fertigmachen«. Wir ließen uns viel Zeit und flogen die Maschinen sauber und ordentlich in Angriffsposition. Mochten die dort unten auf dem Boden doch ruhig merken, daß sie gemeint waren – was sollten sie uns denn schon tun? Leider waren wir im Irrtum: die Geschütze unter uns waren deutsche 3,7 cm Flak. Und wenn der Krieg auch für die deutsche Wehrmacht damals schon verloren schien – die deutschen Kanoniere scherten sich nicht darum und nahmen uns verteufelt zielsicher aufs Korn. Schon beim ersten Anflug lagen die »Mäuschen« der Leuchtspur gefährlich nahe bei meiner Maschine. Und dann hörte ich auch schon das Krachen der Einschläge in meiner Seafire. Die Geschosse mußten den Kühler getroffen haben, denn die Nadel der Motortemperaturanzeige begann plötzlich sprunghaft zu klettern und blieb erst am Ende der Skala stehen. Gleichzeitig verspürte ich auch schon den typischen Geruch des aus dem Kühler ausströmenden Glykols. Wenig später blieb der Motor stehen. Eine schöne Bescherung!
Ich drehte meine Seafire sofort in Richtung zur Küste zurück, mußte aber bald einsehen, daß ich in viel zu geringer Höhe flog, um den Strand noch im Gleitflug zu erreichen. Ich suchte mir also rechtzeitig ein Stück einigermaßen ebenen Bodens aus und setzte die Seafire schließlich in einer Bauchlandung auf. Meine Sorgen wegen der Notlandung waren zum Glück unbegründet: die Maschine rutschte auf dem tiefen Boden ohne Probleme dahin, bis sie schließlich stand. Kein Feuer, keine Explosion – nichts!

Erst als ich aus der Maschine kletterte, begriff ich, daß hier auf dem Erdboden offenbar eine heftige Schlacht toben mußte: das Rumpeln der Abschüsse und das Krachen der Einschläge aus Geschützen aller Kaliber empfing mich mit ohrenbetäubendem Lärm. Zum Glück lagen die Einschläge in sicherer Entfernung. Nun erlebte ich den Krieg etwas anders als in der Kabine meiner Seafire – wenn man sicher in der Luft schwebte, konnte man sich nicht vorstellen, was sich da unten wirklich abspielte.

Während ich all diesen ungewohnten Eindrükken noch ziemlich ratlos gegenüberstand, teilten sich plötzlich die Büsche vor mir, und es erschien ein großgewachsener amerikanischer Negersoldat, ein Corporal, der mir mit Handzeichen zu verstehen gab, daß ich zu ihm hinüberkommen sollte. Offenbar war ich mit meiner Seafire mitten ins Niemandsland geraten.

Nachdem ich mich zu dem Amerikaner hinübergearbeitet hatte, bot er mir zunächst seine Feldflasche an. Ich war nicht durstig, aber ich wollte den Kameraden von der Infanterie nicht unnötig verärgern und nahm daher einen Schluck. Das war kein übler Entschluß: in der Flasche war ausgezeichneter Roséwein, was mein Gaumen gleich recht erfreut zur Kenntnis nahm. Später erfuhr ich dann, daß der Corporal erst wenige Stunden zuvor an Land gekommen war – der Mann mußte sich auf das »Organisieren« recht gut verstanden haben!

Nach einiger Zeit kam ich schließlich zur Küste zurück und wurde an Bord eines kleinen Motortorpedobootes nach England zurückgebracht. Dort kehrte ich wieder zu meiner Squadron zurück. Ich war heil und unverletzt und außerdem fest entschlossen, micht mit der Seafire in Zukunft aus den Bodenkämpfen herauszuhalten und diese Angelegenheiten den großen Kalibern der Artillerie zu überlassen.

Der Erfolg der Invasion in der Normandie und ihre Bedeutung für den schließlichen Ausgang des Krieges ist eine allgemein bekannte historische Tatsache. Ohne Zweifel hat die Zielgenauigkeit des Geschützfeuers der Marine nicht unwesentlich zum Gelingen der Landungen beigetragen, und ich bin sehr stolz darauf, daß ich dazu damals meinen Beitrag leisten durfte.

Achtung! Jabo!

Nach einem Jagdbomberangriff an der Invasionsfront: eine deutsche Nachschubkolonne brennt auf der Landstraße aus.

Eine gut getarnte deutsche 2 cm Vierlingsflak als »Jabofalle« an der Invasionsfront.

Die an der Invasionsfront kämpfenden deutschen Luftwaffenverbände waren den Alliierten derartig unterlegen, daß sich die anglo-amerikanischen Flieger fast ausschließlich auf die Erdkampfunterstützung konzentrieren konnten. Der Schreckensruf: »Achtung – Jabo!« war oft genug für die verzweifelt kämpfenden deutschen Heeresverbände der Anfang vom Ende.

Obwohl man einige Einheiten probeweise umgerüstet hatte, kamen mit Raketen ausgestattete Spitfires an der Invasionsfront nicht zum Einsatz. Das Kanonenfeuer der britischen Jäger erwies sich allerdings als ebenfalls überaus wirkungsvoll.

Es ist richtig, daß viele deutsche Panzerverbände bald nach Beginn der Invasion im Kampfgebiet bewegungsunfähig liegenblieben, doch war diese Tatsache nicht – wie auch heute noch vielfach angenommen wird – auf den Einsatz von fliegenden »Panzerknackern« zurückzuführen. Während die Panzerkampfwagen nämlich zum großen Teil unbeschädigt blieben, hausten die alliierten »Jabo« (Jagdbomber) unter den deutschen Troßeinheiten mit verheerender Wirkung und sorgten dafür, daß bald kein Tropfen Kraftstoff mehr die kämpfenden Verbände erreichte.

Nach dem Ende der Kesselschlacht von Falaise inspizierten Fachleuchte der 21. britischen Armeegruppe das Kampfgelände und fanden insgesamt 30° deutsche Panzer und Selbstfahrlafetten – das war die Ausrüstung von beinahe zwei vollen deutschen Panzerdivisionen! Von den aufgefundenen Fahrzeugen waren nur elf – das sind weniger als 4% – durch Raketen getroffen und außer Gefecht gesetzt worden, 54 Fahrzeuge waren aus verschiedenen technischen Gründen ausgefallen und nur zwei hatten Bombenvolltreffer erhalten. Der ganz überwiegende Teil der vorgefundenen Kampffahrzeuge, nämlich 233 – das entspricht 77% – waren unbeschädigt geblieben oder von den Deutschen selber gesprengt worden, als ihnen der Kraftstoff ausging und die Panzer und Selbstfahrlafetten aus diesem Grunde bewegungsunfähig wurden. Die praktisch ununterbrochen mit Bomben und Bordwaffen gegen die deutschen Nachschubkolonnen geführten alliierten Luftangriffe trugen auf diese Weise ganz entscheidend zum Ausgang der Kämpfe in der Normandie bei.

Die Aufnahmen stammen von deutschen Soldaten.

Oben: Die ebenso wie die ältere »Mark VI« als Höhenjäger ausgelegte Spitfire-Baureihe »Mark VII« war mit dem leistungsstarken »Merlin 61« Motor ausgerüstet. Die abgebildete »Mark VII« gehörte zur 131. Squadron und hat interessanterweise nicht die für Höhenjäger typischen spitz zulaufenden Tragflächen, sondern die normalen elliptischen Flügel der meisten anderen Baureihen der Spitfire. Die 131. Squadron erhielt ihre »Mark VII« im März 1944 und flog zur Zeit der alliierten Invasion in Frankreich sowohl Jagdschutz für Kampfverbände als auch Einsätze zur Gefechtsfeldunterstützung.

Rechts: Die sogenannte »Wasserbombe Typ XXX«. Es handelt sich hier um einen improvisierten Umbau, mit dessen Hilfe Spitfire je zwei Bierfässer als Außenlast unter dem Rumpf transportieren konnten. Auf diese Weise versuchte man in der Zeit kurz nach der Invasion, die Soldaten in Frankreich mit dem gewohnten »Stoff« zu versorgen. Die sperrige Außenlast beeinträchtigte die Flugeigenschaften der Spitfire nicht unbeträchtlich.

Rechts: Motorwechsel »de luxe«: An einer Spitfire der 442. (kanadischen) Squadron wird auf einem Feldflugplatz der Motor ausgewechselt. Der auf dem Bild sichtbare Kranwagen war ein ausgesprochener »Luxusartikel«. Normalerweise stand für den Motorwechsel auf Feldflugplätzen nur Dreibeinhebezeug zur Verfügung. Der Motor wurde dann mit einem Flaschenzug aus der Aufhängung gehoben und auf einem kleinen am Boden stehenden Servicewagen abgestellt. Beim Wiedereinbau des Motors arbeitete man ebenfalls mit Flaschenzügen: der Motor wurde angehoben, dann schob man die Maschine in die richtige Lage und schließlich senkte man den Motor ab, bis er montagebereit in den Halterungen saß. In Nordafrika, in Italien, Frankreich und auf dem fernöstlichen Kriegsschauplatz waren sämtliche Wartungsarbeiten fast immer im Freien durchzuführen. Das war ein Umstand, welche die schwere Arbeit des Bodenpersonals nicht eben erleichterte. »Wenn es regnete«, meinte einmal ein Mann vom Bodenpersonal, »war es nicht schlecht. Dann wurde wenigstens die Spitfire auch einmal naß und nicht nur immer wir!«

Oben links: Eine Spitfire beim Abfangen nach einem Tiefangriff.

Oben rechts: Eine über der Normandie abgeschossene Spitfire der 602. Squadron.

Spitfire gegen V-1

Man konnte die deutschen »V-1« Flugbomben auf verschiedene Weise zum Absturz bringen. Eine der verläßlichsten – und relativ wenig gefährlichen – Methoden bestand darin, die Trägheitssteuerung der »V-1« zu stören. Die »V-1« hatte keine Querruder und war nicht besonders flugstabil. Manche englische Jagdflieger tippten die Stummelflügel der »V-1« direkt mit den Tragflächen ihrer Maschinen an, um die Flugbomben zum Absturz zu bringen. Diese Methode war nicht ohne Risiko: die Flügel der »V-1« waren massiv stahlbeplankt, und bei der Berührung konnten an der wesentlich empfindlicheren Leichtmetallbeplankung der Jagdflugzeuge sehr leicht ernsthafte Beschädigungen auftreten. Wesentlich weniger gefährlich war es, die Flugbomben unter Zuhilfenahme der Gesetze der Aerodynamik aus der Bahn zu bringen.

Rechts: Der Pilot der Spitfire bringt die Tragfläche seiner Maschine knapp über den Stummelflügel der »V-1«. Wenn sich die Tragfläche genau über dem Flügel der »V-1« befindet, werden die Strömungsverhältnisse gestört und die Flugbombe beginnt sich zu neigen (2). Der Jägerpilot bringt die Maschine ebenfalls in Schräglage und bleibt über dem Flügel der »V-1«. Die »V-1« neigt sich weiter, bis das Steuersystem schließlich versagt und die Flugbombe abstürzt (3 und 4). Die Spitfire fliegt ab.

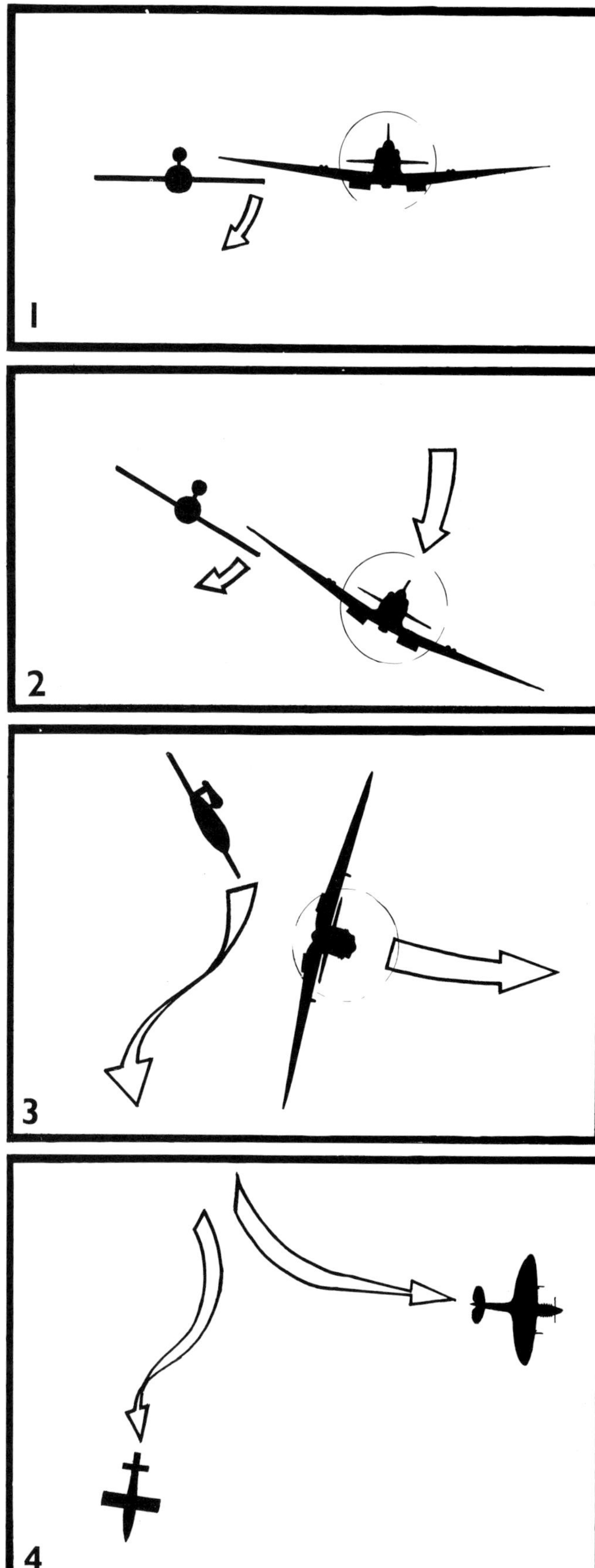

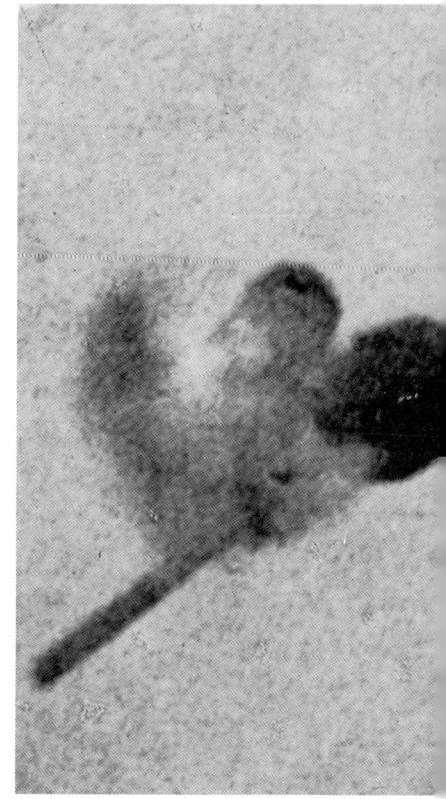

Die Beschießung Londons durch deutsche »V-1« begann im Juni 1944. Obwohl die »V-1« keinerlei Kurskorrektur durchführen konnte, war sie ein sehr schwer zu treffendes Ziel. Die Flugbomben flogen mit stark variierenden Geschwindigkeiten: manche zogen mit nur etwa 480 km/h dahin, andere aber brachten es bis auf Geschwindigkeiten von über 700 km/h und konnten dann nur mehr von der Spitfire XIV oder der Tempest V eingeholt und zum Absturz gebracht werden. Dank ihrer relativ starken Metallbeplankung war die »V-1« gegen Beschuß aus Bordkanonen und Maschinengewehren wesentlich unempfindlicher als Flugzeuge mit Leichtmetallbeplankung. Die abgebildete »V-1« erhält soeben von hinten einen Treffer durch ein 2 cm Explosivgeschoß.

Zu intensiver Kontakt mit der »V-1« konnte recht gefährlich werden: wenn die fast 600 kg schwere Sprengladung in der Luft explodierte, wurden gewaltige Kräfte freigesetzt. Die Aufnahme zeigt Flight Lieutenant G. Armstrong von der 165. Squadron mit seiner »angekokelten« Maschine. Armstrong versuchte während eines Einsatzes am 1. Juli 1944 eine »V-1« zum Absturz zu bringen. Die »V-1« explodierte dabei in der Luft und beschädigte die Spitfire schwer.

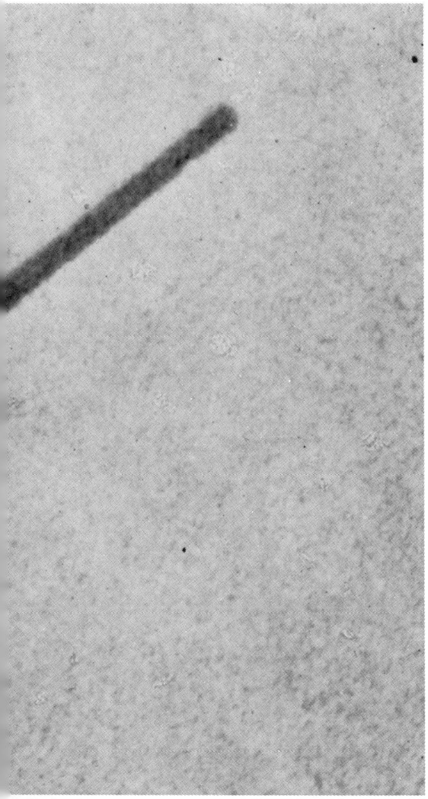

PS853

Ein gnadenloser Feind

Von Wing Commander »Hank« Costain

Im nachfolgenden Bericht beschreibt Wing Commander Costain, mit welch brutaler Gewalt die Elemente gelegentlich die ungebetenen menschlichen Eindringlinge in ihre Schranken weisen:

»Im Sommer 1944 diente ich als Flying Officer bei der damals mit Spitfire VIII ausgerüsteten 615. Squadron. Während der Abwehrkämpfe gegen die nach Indien vordringenden Japaner hatten wir von dem auf der Hochebene von Imphal gelegenen Flugplatz von Palel aus Einsätze geflogen und sollten dann zur Auffrischung wieder vorübergehend nach Baigachi bei Kalkutta verlegt werden. Am 10. August 1943 startete die Squadron mit sechzehn Maschinen unter der Führung des Einheitskommandanten. Der Flug nach Kalkutta war reine Routine – und trotzdem sollte er einem Viertel unserer Piloten das Leben kosten.

Fast während der gesamten Flugdauer hatten wir unter uns nur dünnen Schönwetterkumulus. In der Nähe des Zielflugplatzes gingen wir tiefer und durchflogen die Kumuli. Wenig später bildete sich über uns eine geschlossene Wolkendecke, was uns aber nicht weiter beunruhigte, weil wir ja gute Bodensicht hatten. Das änderte sich allerdings ebenfalls bald, als sich vor unseren Maschinen eine massive bräunliche Sturmwolke aufbaute, die bis zum Boden herabreichte. Uns war klar, daß wir diese Wolkenwand nicht durchfliegen konnten, andererseits aber war es auch unmöglich, einfach wieder nach Palel zurückzufliegen, weil wir schon zuviel Treibstoff verbraucht hatten. Unser Kapitän befahl schließlich, daß wir ein Stück zurückfliegen sollten, um dann zu versuchen, nach einem entsprechenden Steigflug die Sturmwolken allenfalls zu überfliegen. Das war eine recht gute Idee, zu deren Ausführung wir allerdings nicht mehr kommen sollten.

Wir gingen zunächst also in den Steigflug über, um die Wolkendecke nach Möglichkeit zu übersteigen. Sobald ich in die Wolken über uns eintauchte, begann aber bereits die Katastrophe mit solcher Plötzlichkeit, daß ich es kaum fassen konnte: ein scharfer Knall und dann wurde der Himmel um mich plötzlich völlig schwarz. Meine Spitfire wurde wild durchgerüttelt und der Steuerknüppel war kaum noch festzuhalten. Irgendwie war der gesamte Verband in die gefährliche Monsunwolke geraten. Innerhalb von wenigen Sekunden schon hatte ich die Kontrolle über meine Maschine vollständig verloren und ich konnte auch mit den Anzeigen am künstlichen Horizont nichts anfangen, weil ich einfach nicht mehr wußte, wo eigentlich oben und unten war. Außerhalb der Kabine war es so dunkel, daß ich nicht einmal die Tragflächen meiner Spitfire ausmachen konnte. Auch vom Motor war nichts mehr zu hören: das Trommeln von walnußgroßen Hagelschloßen auf die Flügel war so ohrenbetäubend laut, daß darin jedes andere Geräusch vollständig unterging. Das einzige, was mich noch mit der Umwelt verband, war der Sprechfunk. Aber auch das nützte nichts: in den Kopfhörern war nichts anderes zu hören als das wilde Schreien, Fluchen und Rufen unserer Piloten, die verzweifelt nach einem Ausweg aus den wütenden Turbulenzen in der Monsunwolke suchten.

Von meinen Instrumenten schien eigentlich nur mehr der Höhenmesser verläßliche Werte anzuzeigen. Und die waren alarmierend genug: die Nadel schlug pausenlos nach allen Richtungen aus und zeigte mir an, daß der Sturm die Maschine einmal nach unten drückte, um sie im nächsten Augenblick wieder wild hochzureißen. Es war hoffnungslos: plötzlich geriet ich in eine jähe Aufwärtsströmung, welche die Spitfire unwiderstehlich in eine Höhe von etwa 3000 Metern riß. Alle Steuerversuche waren zweck-

Oben: Wing Commander Hank Costain.

los. Dann ging es unvermittelt ebenso schnell wieder abwärts. Ich konnte gegen die Urgewalten, die sich da meiner Maschine bemächtigt hatten, so gut wie nichts tun. Wie in einem Fahrstuhl ging es jetzt abwärts! Als ich noch etwa 300 Meter über Grund war, gab ich es auf: mir blieb nur noch der Absprung am Fallschirm. Die Maschine war nicht mehr zu halten. Zunächst einmal mußte aber das Kabinendach weg. Ich riß am Notauslöseknopf über meinem Kopf. Die Kabinenhaube blieb fest sitzen, aber plötzlich hielt ich den Gummiknopf des Hebels in meiner Hand. Das Material war in der tropischen Hitze porös geworden und nun einfach

abgerissen. Eine großartige Situation, in die ich da geraten war!
Jetzt blieb mir nichts mehr anders übrig als das Kabinendach mit aller Kraft nach hinten zu schieben. Dann stellte ich in fliegender Hast die Trimmung ganz kopflastig und löste meine Sitzgurte. Als ich den Knüppel losließ, ging die Maschine sofort mit der Schnauze nach unten weg und ich flog wie ein Korken aus der Kabine.
Das heißt: nur beinahe – denn zunächst blieb noch mein Fallschirmpaket an der Kabinenoberkante hängen! Irgendwie kam ich aber dann doch frei und flog entlang der Rumpfwand bis zur Höhenleitwerksflosse, in die ich prompt mit einem Bein so heftig hineinkrachte, daß mir vor Schmerz Hören und Sehen verging. Dann sah ich meine Maschine in der Dunkelheit verschwinden und zog gleichzeitig kräftig am Griff des Fallschirmes, um mich endgültig in Sicherheit zu bringen. Und dann sah ich auch schon den Boden auf mich zukommen.
Obwohl sich der Fallschirm voll geöffnet hatte, war die Landung mit dem verletzten Bein doch ziemlich schmerzhaft. Da lag ich also: auf ei-

nem klitschnassen Heuhaufen mitten in einem indischen Feld. Nach dem ersten Schreck mußte ich gleich wieder an meine Spitfire denken. Ich hatte eine technisch völlig einwandfreie Maschine einfach aufgegeben und war am Fallschirm abgesprungen! »Guter Gott, was sage ich bloß unserem Kapitän?« Keine schlechte Frage – aber die Antwort darauf wußte ich noch nicht. Bevor ich noch lange weitergrübeln konnte, entdeckten mich zwei Zivilisten auf meinem höchst unbequemen Schmerzenslager und brachten mich zu einem Arzt.

Das ganze Ausmaß der Katastrophe kannte ich damals noch nicht: die 615. Squadron verlor in der Monsunwolke innerhalb von weniger als fünf Minuten ihren Kapitän und drei Piloten. Drei weitere Piloten – ich eingeschlossen – wurden verletzt. Dazu verloren wir noch acht Maschinen – das war der halbe Flugzeugbestand der Squadron. Acht Maschinen des modernsten Jägertyps, den es damals im Fernen Osten gab! Und das alles völlig ohne Feindeinwirkung! Wie gesagt: am Himmel ist der Mensch nur ein Geduldeter.

Costain auf der Tragfläche seiner Spitfire Mark VIII. Das Bild entstand im Juni 1944, als die 615. Squadron auf dem Feldflugplatz von Palel lag.

7
8

Im Fernen Osten
Seafire gegen Zero-Sen

Spitfire im Schlepp

Rechts: Gegen Ende des Jahres 1943 wurde von der »Flight Refuelling Company« (Luftbetankungs-Gesellschaft) eine Methode zum Schleppen der Spitfire durch ein mehrmotoriges Kampfflugzeug entwickelt. Diese Methode sollte die Reichweite der Spitfire bei Überführungsflügen vergrößern. Als Schleppflugzeug bei den Flugversuchen diente ein Kampfflugzeug vom Typ »Wellington«. Als Schleppgeschirr dienten »Y«-förmige Trossen. Die beiden kürzeren Enden der Trossen wurden an einer jeweils außerhalb des Propellerkreises befindlichen Haltevorrichtung an den Tragflächenvorderkanten der Spitfire befestigt.
Während des Starts waren die gabelförmigen kürzeren Teile der Schlepptrossen unter dem hinteren Rumpfteil der Spitfire arretiert, um mögliche Kollisionen mit dem Fahrwerk und mit dem Propeller der Spitfire zu vermeiden.
Beim Schleppflug startete und flog die Spitfire zunächst aus eigener Kraft. In der gewünschten Höhe wurden dann die unten am hinteren Rumpfende der Spitfire arretierten gabelförmigen Teile des Schleppgeschirrs ausgeklinkt und gleichzeitig vom Schleppflugzeug aus die Schlepptrosse bis zu ihrer vollen Länge von 213 Metern abgespult.
Die Spitfire mußte dann ihre Motorleistung so weit drosseln, bis sich das Schleppseil im Fluge spannte. War die Trosse gespannt, konnte der Motor des Jagdflugzeuges abgestellt werden. Bei den praktischen Versuchen mit dem Schleppgeschirr der Spitfire traten allerdings beträchtliche Schwierigkeiten auf.
In einem aus dem Februar 1944 stammenden Flugbericht von Captain Leslie Greensted heißt es beispielsweise, daß der »Merlin« Motor der Spitfire, wenn er bei geringer Geschwindigkeit nur langsam dreht oder abgestellt wird, stark verölt. Gab man aber, um das Verölen zu verhindern, etwas mehr Gas, gewann die Spitfire an Geschwindigkeit und überholte das Schleppflugzeug!
Man versuchte hier durch Einbau eines Propellers, der voll auf Segelstellung zu bringen war, Abhilfe zu schaffen, so daß der Motor warm blieb, ohne daß der Propeller zuviel Leistung abgab. Nicht zu ändern war allerdings der Umstand, daß beim Schleppen die Sichtverhältnisse aus der Spitfire nach vorne äußerst unzureichend waren. Noch im Frühjahr 1944 wurden die Schleppversuche mit der Spitfire dann auch wegen der auftretenden Schwierigkeiten aufgegeben.

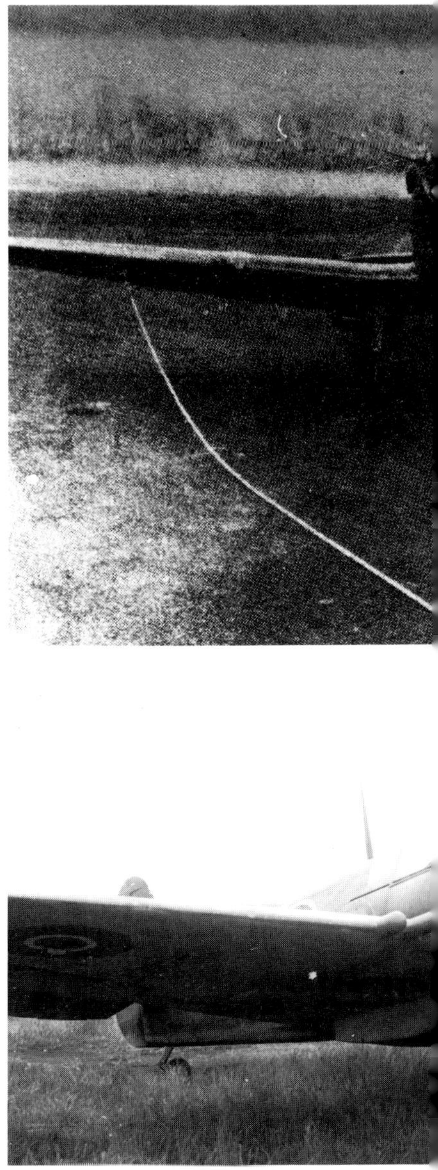

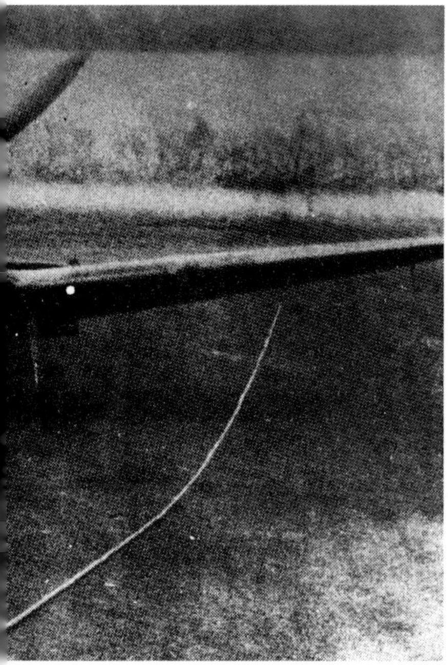

Die Tragflächenzusatztanks setzten sich nicht durch und wurden bald durch zentral unter dem Rumpf montierte abwerfbare Zusatztanks abgelöst. Diese Tanks gab es mit Fassungskapazitäten von 136, 204, 409 und 772 Litern. Mit dem 772 Liter Tank – den auch die Abbildung rechts zeigt – erhöhte sich die Tankkapazität der Spitfire V auf das Dreifache. Auf diese Weise konnte die Maschine beispielsweise im Direktflug von Gibraltar aus die Insel Malta erreichen – das ist eine Distanz von beinahe 1900 Kilometern! Mit dem großen Zusatztank hatte die Spitfire eigentlich sogar eine Maximalreichweite von 2330 Kilometern. Beim Start und während des Fluges über die ersten 1500 Kilometer wurde der Kraftstoff aus dem Zusatztank verbraucht. Bei einer Fluggeschwindigkeit von 275 km/h verbrauchte die Maschine für eine Strecke von etwa acht Kilometern ca. 4,5 Liter Kraftstoff. Nach dem Abwerfen des leeren Zusatztanks flog die Maschine etwa 820 Kilometer mit einer Geschwindigkeit von 240 km/h weiter. Hierbei wurde für eine Flugstrecke von etwa 13 Kilometern 4,5 Liter Benzin verbraucht. (Aus diesen Werten ergibt sich, daß aus ökonomischen Gründen möglichst geringe Fluggeschwindigkeiten anzustreben waren. Solange sich der Zusatztank an der Maschine befand, waren allerdings die Langsamflugeigenschaften der Spitfire recht ungünstig.

Bereits im Sommer des Jahres 1940 bemühten sich die Engländer ernsthaft um eine Vergrößerung der Reichweite und Flugdauer der Spitfire. Bei der abgebildeten Spitfire I mit der Seriennummer P 9565 wurde unter der linken Tragfläche ein 136 Liter fassender Zusatztank eingebaut.
Der fest eingebaute Tank beeinflußte die Flugeigenschaften der Maschine ziemlich ungünstig. In einem Erprobungsbericht heißt es, daß »ab Geschwindigkeiten von 560 km/h die Querruder äußerst schwergängig werden und das Abhängen der linken Tragfläche nur mit Mühe zu verhindern ist.«
Im Jahre 1941 in eine bereits mit metallbeplankten Querrudern ausgestattete Spitfire II ein ähnlicher, 181 Liter fassender Tank eingebaut, der sich grundsätzlich bewährte. Die so umgebauten Spitfire wurden in der zweiten Jahreshälfte 1941 von der 66., 118. und der 152. Squadron auch im Einsatz mit Erfolg geflogen.

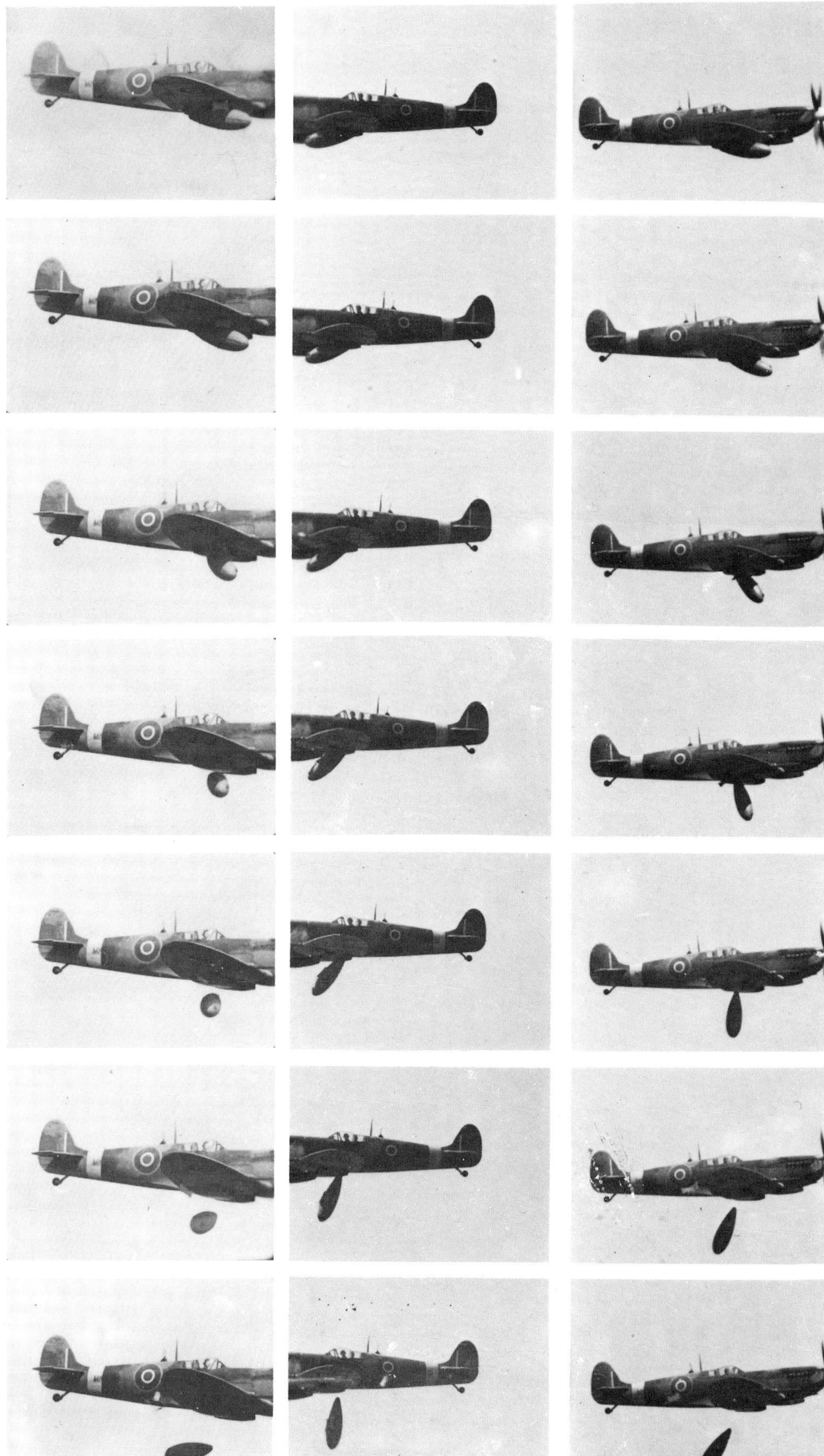

Diese Reihenbildaufnahmen zeigen Abwurfversuche mit je zwei unter den Tragflächen einer Spitfire aufgehängten Zusatztanks mit einem Fassungsvermögen von 281 Litern pro Tank. Der Abwurf von Flugzeugaußenlasten ist unter Umständen nicht ganz so einfach und problemlos, wie es oft den Anschein haben mag. Die linke Bildreihe zeigt die Phasen unmittelbar beim Abwurf: bei einer Geschwindigkeit von 320 km/h wird der Tank ausgeklinkt. Der Tank löst sich vom Flugzeug und führt im Fluge eine Drehung um seine Querachse durch, bis der Tankvorderteil gegen die Flugrichtung zeigt.
Bei einer Geschwindigkeit von 402 km/h fällt der Tank sauber und ohne Drehung unter der Maschine weg.
Bei einer Geschwindigkeit von 482 km/h (rechte Bildreihe) fällt der Tank weg, aber sein Ende schlägt kräftig an den Rumpfboden an und hinterläßt eine (auf dem Bild nicht sichtbare) starke Delle am Rumpf. Der 281 Liter-Zusatztank für die Spitfire wurde von der RAF nicht eingeführt.

Die Spitfire als Sturzbomber

Von Raymond Baxter

Der dem (englischsprechenden) Publikum auf Grund der von ihm gestalteten Fernsehserie »Die Welt von morgen« recht gut bekannte Raymond Baxter war während des Zweiten Weltkrieges Jagdflieger. Die meisten seiner Einsätze flog Baxter auf Spitfire. Im folgenden Beitrag berichtet er über seine Erfahrungen in den letzten Kriegsmonaten:

Im Herbst 1944 kommandierte ich als Flight Lieutenant die »A«-Flight der 602. Squadron. Der Kapitän der Squadron war damals Squadron Leader Max Sutherland. Schon vor meinem Kommando bei der 602. Squadron hatte ich schon seit Mitte 1941 fast ununterbrochen Spitfire geflogen: zunächst in England selber bei der 65. Squadron, dann im Mittelmeerraum bei der 93. und dann während der Invasion in Frankreich schon bei der 602. Squadron.

Als wir im Oktober 1944 auf die Spitfire XVI umrüsteten und unsere Sturzbomberausbildung absolvierten, war ich also schon ein ziemlich »alter Hase«.

Im September 1944 begannen die Deutschen von Holland aus London und den Südosten Englands mit ihren »V-2« Raketen zu beschießen. Die 602. Squadron erhielt zusammen mit der ähnlich ausgerüsteten 229., 453. und 603. Squadron Befehl zur Überwachung der hauptsächlich in der Gegend von Den Haag befindlichen deutschen Raketenabschußeinrichtungen.

Wenn wir auf dem Boden irgendwelche verdächtigen Aktivitäten entdeckten, die nach Vorbereitungen für »V-2«-Abschüsse aussahen, hatten wir sofort anzugreifen. Die Deutschen aber verstanden einiges von guter Tarnung und waren überdies äußerst vorsichtig. Wir mußten daher ein ziemlich weites Gebiet überwachen, um zu Erfolgen zu kommen. Da die deutsche Wehrmacht damals bereits recht knapp an Treibstoff war, konnte man annehmen, daß jeder zu beobachtende Kraftwagenverkehr auf den Straßen mit einiger Sicherheit militärischer Natur war, ja in vielen Fällen vermutlich sogar mit den Vorbereitungen für Raketenabschüsse zu tun hatte. Wir hatten daher grundsätzlich freie Hand, »alles anzugreifen, was sich bewegt«.

Das war zwar ein recht großzügiger Auftrag, wir mußten uns aber andererseits auch ständig bemühen, nicht versehentlich holländische Zivilisten zu treffen. Neben unserer Patrouillentätigkeit und der freien Jagd auf Bodenziele führten wir auch oft genau geplante Sturzangriffe auf vermutete deutsche Raketenlagerplätze und Abschußanlagen durch, wobei uns die meist recht präzisen Meldungen der holländischen Widerstandsbewegung in vorteilhafter Weise zugute kamen. Auf die Ergebnisse der Luftaufklärung konnte man sich in diesem Zusammenhang nicht allzusehr verlassen: oft war aus der Luft von den Stellungen nicht mehr zu sehen, als einige kreisförmig verlaufende Spuren von Fahrzeugrädern irgendwo im Gelände. Und obwohl die Auswerter ihr Bestes gaben, hätte man an Hand der Luftaufnahmen allein die Stellungen niemals ausmachen können. Wir griffen die Raketenstellungen meist mit vier bis sechs Maschinen an, denn die Ziele waren recht klein. Jede Spitfire trug jeweils eine 226-kg-Bombe oder zwei 113-kg-Bomben oder auch nur zwei 113-kg-Bomben und einen Kraftstoffzusatztank. Gestartet wurde meist von unserer Basis in Coltishall oder von den Nebenplätzen in Ludham oder Matlaske. Über der Nordsee stiegen wir dann auf etwa 2500 Meter, und sobald wir einmal die holländische Küste überflogen hatten, gab es kaum noch irgendwelche Navigationsprobleme, denn wir kannten die Gegend beinahe schon wie unsere Hosentaschen. Sobald wir über feindbesetztem Gebiet waren, begannen uns die Deutschen meist unverzüglich mit 8,8 cm Flak zu beschießen. Das Feuer der schweren Flak war kein großes Problem, denn wenn man die Flughöhe und die Flugrichtung ständig variierte, lag das Feuer der zentral geleiteten deutschen schweren Flakbatterien meist viel zu ungenau, um einer Spitfire wirklich gefährlich zu werden. Es war immer wieder ein ungeheuer befriedigendes Gefühl, wenn die Explosionswolken der Flakgranaten plötzlich dort in der Luft aufblühten, wo man noch eben zuvor geflogen war.

Die deutschen Raketenabschußstellungen selber waren allerdings meist durch leichte Flak gesichert. Aus diesem Grunde wechselten wir auch unsere Angriffstaktik immer wieder. Manchmal flogen wir die Deutschen einfach direkt an, dann wieder nützten wir sorgfältig jede Wolke aus, um uns »anzupirschen«, bevor wir angriffen, und gelegentlich überflogen wir zunächst die Stellungen und kehrten anschließend wieder zurück, um den Gegner genau aus der Sonne heraus anzugreifen. Wir waren schon recht listige Burschen, das muß man sagen!

Während die Anflugtechnik also oft variierte, blieben die Angriffe selber meist gleichartig: wir flogen in Höhen zwischen 1800 und 2400 Metern an und reduzierten die Geschwindigkeit in Zielnähe auf etwa 320 km/h. Um die grobe Anflugrichtung zu finden, ließen wir das Ziel im Anflug meist unter der Tragfläche zwischen Rumpf und Hoheitsabzeichen optisch »durchwandern« und sobald es hinter der Tragfläche wieder sichtbar wurde, kippten wir in einer halben Rolle ab und flogen in einem Sturzflug von etwa 70° an. Rein gefühlsmäßig kam das durchaus einem völlig senkrechten Sturz gleich. Das war aber alles nicht so wichtig, denn beim Sturzangriff mußte man alle Konzentration aufbieten, um das Ziel im Reflexvisier zu halten. Die eigenen Instrumentenanzeigen, die deutsche Flak – alles unwichtig! Wenn der Zielanflug einmal begonnen hatte, mußte man die Maschine um jeden Preis präzise halten – jedes beabsichtigte oder zufällige Abweichen vom Kurs führte zu Ungenauigkeiten beim Bombenabwurf.

Unsere Spitfire kippten meist nacheinander ab und flogen das Ziel dann in Abständen von 30 bis 40 Metern hintereinander lose gestaffelt an. Jeder Pilot zielte dabei individuell. Im Sturzflug stieg die Geschwindigkeit der Maschinen naturgemäß schnell an und erreichte knapp vor dem Abwerfen meist etwa 580 km/h. Die Bomben wurden meist in einer Höhe von 900 Metern ausgelöst und sobald sie gefallen waren, mußten die Maschinen aus dem Sturzflug wieder in die Horizontallage gebracht werden. Das war bei den hohen Geschwindigkeiten eine gewaltige Anstrengung. Sobald die Spitfire abgefangen waren – und das war meist schon ziemlich knapp über dem Boden – mußte man sich bemühen, mit Höchstgeschwindigkeit so schnell wie nur möglich wieder abzufliegen. Natürlich wollte jeder von uns zunächst noch einmal ganz schnell hochziehen, um die Trefferwirkung seiner Bomben zu beobachten, aber das war einfach zu riskant: wenn die deutsche Flak auf dem Posten war, hätten die Flugzeuge beim Hochziehen den Kanonieren ein ideales Ziel geboten. Und die Flak war meist tatsächlich auf dem Posten.

Wir richteten unsere Angriffstaktik auch nach diesen Gegebenheiten aus: schneller Anflug, die Bomben ins Ziel – und dann nichts wie weg, so schnell es möglich war! Alles andere wäre nur völlig sinnloses »Hurraheldentum« gewesen. Wir warfen bei unseren Einsätzen auch Zeitzünderbomben, die oft erst bis zu sechs Stunden nach dem Abwurf detonierten. Auf diese Weise sollten die feindlichen Aktivitäten möglichst lange behindert und gestört werden.

Ich erinnere mich noch an einen Einsatz, bei dem wir eine deutsche »V-2« Bedienung offenbar während den Abschußvorbereitungen überrascht haben mußten. Als wir nämlich nach dem Bombenabwurf in Bodennähe zurückkamen, um mit unseren Bordkanonen noch etwas »aufzuräumen«, sahen wir plötzlich, wie sich eine der riesigen Raketen mit einem langen Feuerschweif langsam aus einem kleinen Wäldchen heraushob. Einer meiner Piloten, Flight Sergeant »Cupid« Love flog die »V-2« an und beschoß sie mit einem langen Feuerstoß aus seinen Bordkanonen. Das war vermutlich der erste Versuch überhaupt, eine ballistische Rakete im Fluge abzuschießen!
Manchmal arbeiteten wir bei besonders wichtigen Einsätzen auch mit anderen Squadrons zusammen. Am 18. März 1945 beispielsweise flog die 453. Squadron einen Ablenkungsangriff,

Flight Lieutenant Raymond Baxter (zweiter von links) bei einer Einsatzbesprechung mit Piloten der 602. Squadron. Angriffsziel sind deutsche »V-2«-Abschußbasen in Holland.

während sechs Spitfire unserer eigenen Squadron mitten in Den Haag das Baatasher-Mex Gebäude angriffen. Nach unseren Informationen war in dem Bürohaus deutsches Spezialpersonal für die Bedienung der »V-2« untergebracht. Der Angriff war recht riskant, denn wir mußten auf engem Raum anfliegen und konnten die Maschinen nicht weit auseinanderziehen. Dennoch ging alles gut und wir beschädigten das Ziel schwer. Unser Kapitän Max Sutherland erhielt eine zusätzliche Spange zu seinem DFC (Distinguished Flying Cross; eine Tapferkeitsauszeichnung der RAF. Die Spange bedeutet erneute Verleihung des Ordens. Der Übersetzer.) Seiner »Spitty« kostete der Einsatz allerdings das halbe rechte Höhenleitwerk – die deutsche Flak schoß verdammt präzise.

Manchmal flogen wir mit kurzen Zwischenlandungen zum Auftanken und Nachmunitio-

Eine Spitfire mit versuchsweise unter den Tragflächen angebrachten dreirohrigen amerikanischen Abschußeinrichtungen M-10 für 4,5 inch (11,4 cm) Raketen.

Eine im extremen Tiefflug entstandene Aufnahme einer deutschen »Jagdschloß« Radarstation in Dänemark. Deutsche Funkmeßstationen gehörten zu den bevorzugten Objekten der Spitfire Aufklärer: die britischen Radartechniker benötigten möglichst scharfe Detailaufnahmen, um die Entwicklung der deutschen Funkmeßtechnik »im Auge« zu behalten.

ter. Dann stellte der deutsche Pilot den Raketenmotor ab, und ich konnte die Maschine kaum noch sehen. Mittlerweile – mir kam es vor, als spielte sich alles in Sekundenschnelle ab – stieg die zweite Me 163 in ziemlich knapper Entfernung an mir vorbei. Meine Chancen standen schlecht: die beiden Jäger über mir machten sich zum Angriff fertig. Während ich beide Maschinen gleichzeitig unmöglich im Auge behalten konnte, bot ich den Deutschen mit dem verräterischen Kondens hinter meiner Spitfire ein nicht zu übersehendes Ziel.
Ich mußte schnellstens tiefer gehen: der Kondens mußte weg! Also kippte ich in einer halben Rolle weg, stellte die Maschine auf den Kopf und ging mit Vollgas zum Sturzflug über. In etwa 5000 m Höhe zog ich meine mit schon 800 km/h dahinfliegende Maschine wieder hoch und flog eine enge Steilkurve nach links. Dann ein Blick nach hinten: war der Kondens weg? Beinahe! Aber dafür war eine der Messerschmitt noch da: sie war parallel mit mir mitgestürzt und flog nun etwa 1500 bis 1800 Meter über mir. Der Deutsche kam schnell näher. Als die Me 163 auf mich anflog, zog ich meine Maschine ganz eng um 180° herum. Das war gut: damit flogen wir nun beide in entgegengesetzter Richtung davon. Gleich darauf war der Deutsche nur mehr ein kleiner Punkt in weiter Ferne. Ich änderte jetzt wieder die Flugrichtung und ging schnell tiefer.
Als die Me 163 zurückkam, war sie weit höher als ich – und fand mich offenbar nicht wieder. Ich drückte meine Spitfire jetzt auf 1800 Meter und flog nach Süden ab. Von der zweiten Me163 sah ich überhaupt nichts mehr.

Der gesamte Luftkampf hatte etwa fünf Minuten gedauert. Da ich die Deutschen offenbar abgeschüttelt hatte, beschloß ich nach Osten weiterzufliegen. Ich flog gerade so hoch, daß sich noch keine Kondensstreifen bildeten. Etwa 80 Kilometer nordwestlich mußte Chemnitz liegen, und dorthin mußte ich als nächstes. Anderen Feindmaschinen begegnete ich nicht mehr und führte meinen Auftrag ohne weitere Störungen durch. Als ich um 13.45 Uhr wieder auf dem Platz von Bradwell Bay landete, hatte ich noch Benzin für 10 Flugminuten im Tank.

Meiner Ansicht nach war die wesentlichste Erkenntnis aus meiner Begegnung mit den deutschen Raketenjägern die Tatsache, daß sich die Me 163 infolge ihrer hohen Geschwindigkeit und verhältnismäßig geringen Manövrierfähigkeit nicht in die richtige Angriffsposition bringen konnten.

Oben: Eine Spitfire IX der 225. (Army Co-operation [Heeresflieger]-) Squadron Anfang 1945 im Flug über den italienischen Apennin. Das Bild rechts zeigt den Abwurf einer Verpflegungsbombe.

Varianten

Eine Spitfire IX der 73. Squadron auf dem Flugplatz von Luqa (Malta). Das gelbblaue Staffelzeichen der Squadron auf der Rumpfseite ist deutlich sichtbar. Die Aufnahme entstand Anfang 1945.

Eine der wenigen vom Bomber Command eingesetzten Spitfire. Das Bild zeigt eine »gestutzte Mark V« der 1688. Flight auf dem Flugplatz von Feltwell im März 1945. Die beim Bomber Command eingesetzten Spitfire dienten unter anderem als Schleppflugzeuge beim Luftzielschießen und flogen auch Zieldarstellung für die Bordschützen der Kampfflugzeuge.

Eine »Mark V« kurz nach der Übergabe an die französische Luftwaffe. Der Rumpfhinterteil der Maschine ist teilweise nach Reparatur neu beplankt.

Im Laufe der Kriegsjahre wurde die Feuerkraft der Spitfire allmählich auf das Fünffache der ursprünglichen Werte gesteigert. Während die »Mark I« nur über acht Maschinengewehre kleineren Kalibers verfügte, war die »Mark 24« mit 4x20 mm Maschinenkanonen in den Tragflächen bewaffnet.

Das nebenstehende Diagramm zeigt einen systematischen Gewichtsvergleich der während eines ununterbrochenen Feuerstoßes von drei Sekunden aus allen Waffen insgesamt verfeuerten Munitionsmengen (Patronen bzw. Granaten). Die Erfahrung der Luftkämpfe zeigte, daß längere Feuerstöße von mehr als drei Sekunden Dauer auf dasselbe Ziel kaum möglich und sinnvoll waren. Jedes Geschoßsymbol entspricht einem Gewicht von 1,80 kg. Da die praktische Feuergeschwindigkeit der Waffen oft bis zu 10 Prozent variierte, gelten die wiedergegebenen Werte nur als annähernder Durchschnitt.

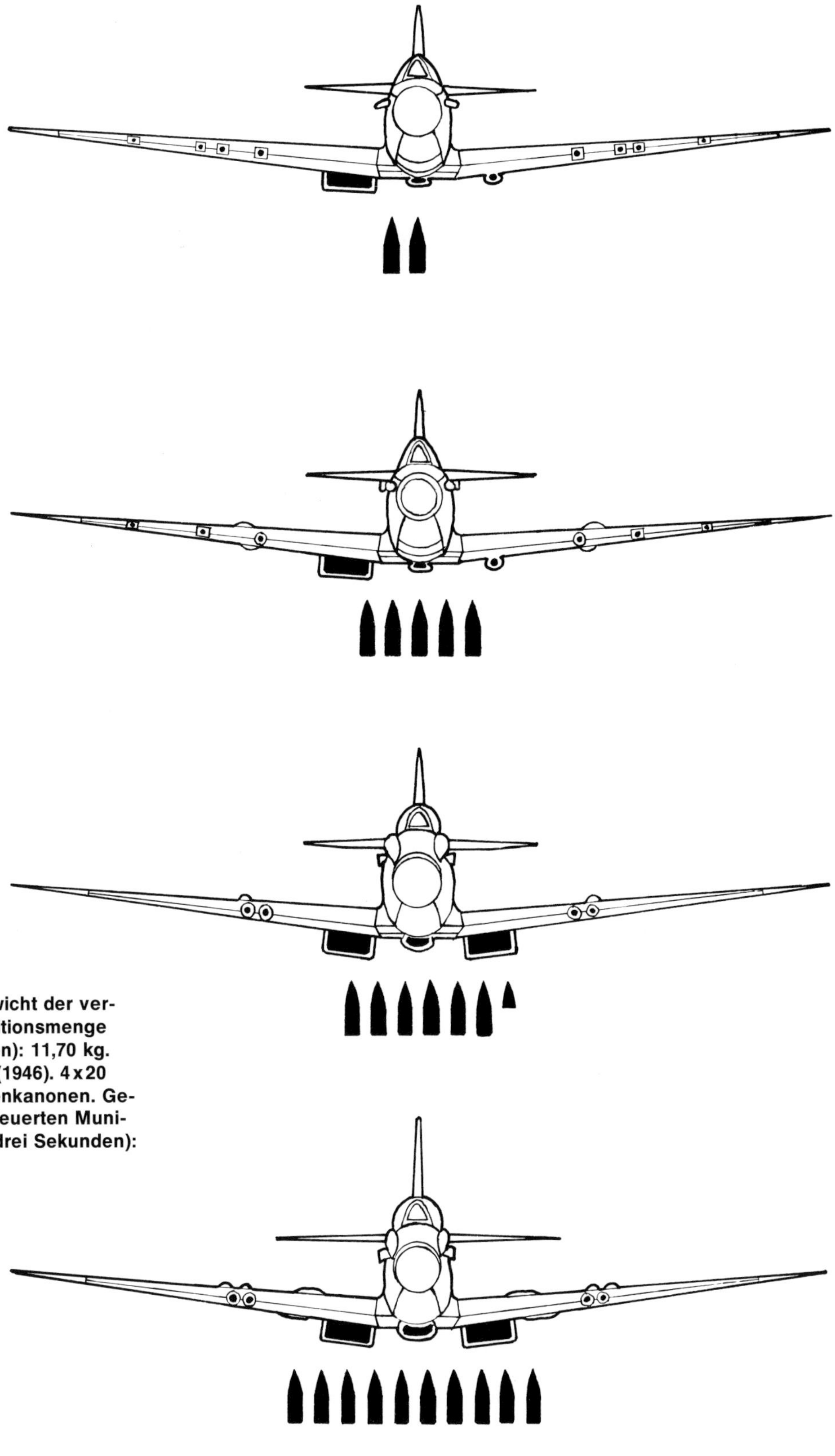

1) »Mark I« (1937). 8 x .303″ MG. Gewicht der verfeuerten Munitionsmenge (drei Sekunden): 3,62 kg
2) »Mark VB« (1941). 2 x 20 mm Maschinenkanonen und 4 x .303″ MG. Gewicht der verfeuerten Munitionsmenge (drei Sekunden): 9 kg
3) »Mark XVIII«. (1945). 2 x 20 mm Maschinenkanonen und 2 x 5″ MG. Gewicht der verfeuerten Munitionsmenge (drei Sekunden): 11,70 kg.
4) »Mark 24« (1946). 4 x 20 mm Maschinenkanonen. Gewicht der verfeuerten Munitionsmenge (drei Sekunden): 18,14 kg.

Zu den nach der siegreichen Beendigung des Pazifikkrieges von den Briten nach Japan verlegten Einheiten der RAF zählten auch die 11. und die 17. mit Spitfires FR Mark XIV ausgerüstete Squadron. Die Staffeln lagen in Miho, einem früheren Platz der japanischen Luftwaffe.

Die Spitfire des »Miho Wing« im Flug über ihrer Basis.

Rechte Seite.

Oben: Diese »Mark XIV« verfehlte bei der Landung in Miho das Rollfeld und stürzte in einen Kanal. Das Foto zeigt Angehörige der »Reparatur- und Instandsetzungseinheit Nr. 3« bei der Bergung der Maschine.

Unten: Spitfires auf dem Platz von Miho.

MV357

Oben: Japanische Zivilarbeiter schieben eine Spitfire in einen Hangar.

Flight Lieutenant Ian Barrag-Smith, der in der 17. Squadron eine Flight kommandierte, vor dem Besteigen seiner Spitfire.

Einer der Spitfire Aufklärer wird vor dem Einsatz aufgetankt. Die Aufnahme entstand während des in Japan ungewöhnlich kalten Winters 1947/48.

Spitfire gegen Spitfire

Von Wing Commander
Gregory Middlebrook

Nach dem ägyptischen Angriff auf Ramat David: eine Spitfire der 32. Squadron brennt auf dem Boden aus.

Jagdflieger zu sein bedeutete mehr als eine Spitfire starten und landen zu können... Bei den OTUs (Operational Training Units; Einsatzausbildungseinheiten) waren Flugunfälle nicht selten. Die bei der 57. OTU in Hawarden entstandene Aufnahme zeigt das recht deutlich: eine Spitfire ist von hinten in eine Miles Master Schulmaschine gerollt.

Stärker, sicherer und schneller

Von Eric Newton

Rechts: Das ausgebrannte Wrack einer Spitfire XVI (Registrierung: TE 457) auf der RAF Basis in Hethel. Bei der technischen Untersuchung nach dem Unglücksfall stellte sich heraus, daß sich in der rechten Tragflächenvorderkante Benzindämpfe angesammelt hatten und anschließend explodiert waren. Die rechte vordere Tragflächenbeplankung wurde bei der Explosion abgesprengt und teilweise durch den Druck nach hinten gebogen. Der Zwischenfall ereignete sich im September 1946.

Die Fliegerei ist an sich nicht besonders gefährlich, aber mehr noch als bei der Seefahrt können sich bei ihr Sorglosigkeit, mangelnde Kenntnisse oder Nachlässigkeiten in gefährlichster Weise rächen (Flugsicherheitsgrundsatz).

Auch ungewöhnlich brillante Leistungen eines Flugzeugtyps sind auf Dauer gesehen nur von sehr geringem Wert, wenn die Maschine gefährliche und tückische Flugeigenschaften aufweist. Die Spitfire war kein gefährliches oder tückisches Flugzeug, aber sie hatte gewisse Eigenschaften, die man sehr genau beachten mußte, um nicht zu Schaden zu kommen. Viele dieser potentiell gefährlichen Eigenschaften wurden im Laufe der Entwicklung der Maschine entdeckt und schließlich auch in vielen Fällen beseitigt. Eric Newton berichtet darüber im folgenden Beitrag:

Eine neuere Aufnahme von Eric Newton, der auch derzeit noch bei der »Accidents Investigation Branch« tätig ist.

»Nach fünfjähriger Ausbildung an einer technischen Lehranstalt und kurzem Wehrdienst bei der RAF trat ich im Jahre 1938 meinen Dienst beim »Aeronautical Inspection Directorate« (Direktorat für die Luftfahrtinspektion) an, das dem Luftfahrtsministerium unterstellt war. Bei dieser Dienststelle hatte ich viel mit der Untersuchung von Flugunfällen zu tun und im Jahre 1942 wurde ich schließlich zum »Inspektor für Flugunfälle« ernannt. Seit dieser Zeit beschäftige ich mich dienstlich mit solchen Angelegenheiten.

In den ersten Kriegsjahren waren die Ursachen für Flugunfälle im wesentlichen noch ziemlich wenig erforscht, und wir von der »Accidents Investigation Branch« (Unfallforschungsstelle) lernten sehr viel aus den Erfahrungen mit der Spitfire und anderen damals verwendeten Flugzeugtypen. Bei Unfällen, deren Ursachen klar und eindeutig lagen – wenn sie also beispielsweise auf menschliches Versagen oder auf zweifelsfrei erkennbare technische Mängel zurückzuführen waren – wurden die Spezialisten selbstverständlich nicht beigezogen. Wenn aber an einer Maschine plötzlich in der Luft ein Bruch auftrat oder etwas nachgab, oder wenn sie am Boden aus ungeklärten Ursachen in Brand geriet, dann wandte sich die RAF an uns und wir versuchten dann die Ursachen für solche Zwischenfälle herauszufinden.

Von den zwischen Anfang 1941 und dem Kriegsende an uns gemeldeten insgesamt 121 wesentlichen Unglücksfällen mit Spitfire waren 68 auf plötzlich in der Luft auftretendes Strukturversagen am Flugzeug zurückzuführen gewesen. Zu den wichtigsten Ursachen für solche Mängel zählten zunächst Fehler an den Querrudern. In den Jahren 1941 und 1942 traten solche Fehler allein in 23 Fällen auf. Der Verlauf dieser Unfälle war nicht klar zu rekonstruieren: man konnte nur immer wieder feststellen, daß die Maschinen im Sturzflug bei hoher Geschwindigkeit in der Luft einfach »abmontierten«. Auf die eigentlichen Ursachen für dieses tödliche Phänomen stieß man erst, als einmal einer der Piloten rechtzeitig aus der abstürzenden Maschine herauskam und sich am Fallschirm in Sicherheit bringen konnte. Der Flieger berichtete später, er habe beobachtet, daß im Sturzflug beide Querruder plötzlich nach oben gerissen wurden, wodurch das Flugzeug außer Kontrolle geriet und in der Folge buchstäblich auseinanderbrach. Wir gingen der Sache nach und stellten in Zusammenarbeit mit dem Royal Aircraft Establishment in Farnborough in der Folge an Hand von praktischen Versuchsreihen fest, daß dieser abnormale Querruderausschlag auf eine Überdehnung der Steuerkabel zurückzuführen war. Damals verstand man noch nicht allzuviel von den allfälligen Auswirkungen von Temperaturänderungen auf die Spannung der Steuerkabel. Die Praktiker beherrschten das Feld – wenn etwas funktionierte, war es gut und erfreulich. Wenn

nicht, dann mußte man es eben wieder versuchen. Theoretiker waren wenig gefragt.
Auf unsere Empfehlung führte die RAF dann in der Folge das »Tensiometer« ein, ein technisch einfaches Gerät, das verläßlich für eine ausgeglichene Regulierung des Steuerzuges sorgte. Als es dann bei der Spitfire schließlich zur Einführung von metallbeplankten Querrudern kam, konnte man dieses Problem zum Glück endgültig als erledigt ansehen.
Eine andere wichtige Ursache für das Auftreten von Strukturfehlern lag in dem Umstand, daß die Piloten die Zelle gelegentlich im Flug einfach überbeanspruchten. Die Spitfire war ein sensibles Flugzeug, das auf Steuermanöver sehr schnell reagierte. Geeignete Geräte, welche dem Piloten verläßlich die Beschleunigung anzeigten, gab es damals noch nicht. Die Spitfire hielt bis zu 10 »g« aus – aber dann war Schluß. Wenn ein Pilot diese Belastung im Kurvenkampf oder beim Hochziehen aus dem Sturzflug überschritt, machte die Maschine einfach nicht mehr mit und fiel buchstäblich auseinander. Während des Krieges wurden uns 46 Flugunfälle bekannt, die auf solche Ursachen zurückzuführen waren. Diese Zahl erhebt mit Sicherheit keinen Anspruch auf Vollzähligkeit, denn in vielen Fällen erfuhren wir mangels entsprechender Meldungen einfach nichts. Übrigens war es so, daß fast immer die Tragflächen bei extremer Belastung nachgaben, der Rumpf dagegen hielt viel mehr aus. Ich habe einmal einen sehr hohen Offizier der RAF gefragt, warum es bei der britischen Luftwaffe während des Krieges niemals zur Einführung eines Beschleunigungsmessers gekommen war, obwohl ein solches Gerät technisch keineswegs aufwendig ist. Der Offizier sagte mir darauf, daß von einem solchen Gerät nachteilige Folgen für den Kampfgeist der Piloten zu befürchten gewesen wären.

Ob die Piloten tatsächlich vorsichtiger geflogen wären und dadurch ungünstige Folgen im Kampf eingetreten wären, vermag ich nicht zu beurteilen. Aber ich weiß immerhin, daß man im Jahre 1954 erstmalig in der Hawker Hunter entsprechende Anzeigen eingebaut hat. Gleichzeitig wurden die Piloten eingehend über die Belastungsgrenzen der Maschine belehrt. In der Folge kam es dann kaum mehr zu »Luftzerlegern« infolge von Überbelastungen an Zelle oder Tragflächen.
Ich kann mich übrigens auch nicht erinnern, daß während des Krieges Unfälle aufgetreten wären, die ihre Ursache in der Ermüdung von Metallteilen der Spitfire gehabt haben könnten. Das sagt allerdings verhältnismäßig wenig, denn die Maschinen gingen meist schon nach so kurzer Zeit verloren, daß Materialbrüche durch Abnützung kaum jemals ins Gewicht fielen.
Als nächsthäufige Unfallursache nach Strukturschwächen kamen jene Fälle, in welchen die Piloten die Kontrolle über ihre Maschinen verloren. Wir registrierten dies in 36 Fällen als Unfallursache. 20 Unfälle dieser Kategorie waren allerdings darauf zurückzuführen, daß die Flieger in dichte Wolken gerieten und die Maschinen dann in der Folge verlorengingen. Man muß sich dazu allerdings vergegenwärtigen, daß besonders kurz nach Kriegsbeginn die Ausbildung im Instrumentenflug noch nicht ausreichend war, weil man die Piloten möglichst schnell an der Front brauchte.
In 13 Fällen war der Verlust der Kontrolle auf Sauerstoffmangel in den Atemgeräten zurückzuführen gewesen. Bei den frühen Spitfire war das System zur Sauerstoffversorgung für die Piloten ziemlich schwierig zu bedienen und wenn hier bei in großer Höhe fliegenden Maschinen Fehler gemacht wurden, verloren die Piloten innerhalb kurzer Zeit das Bewußtsein

und damit selbstverständlich auch die Kontrolle über die Maschinen. Als Ergebnis unserer Untersuchungen wurde das Sauerstoffsystem der Spitfire in der Folge verbessert und vor allem auch seine Bedienung für die Piloten vereinfacht.
Drei von den oben angeführten 36 Unfällen waren schließlich darauf zurückzuführen, daß die Flieger als Folge von abrupten Flugmanövern das Bewußtsein verloren und die Maschinen auf diese Weise außer Kontrolle gerieten.
In 17 Fällen hatten die Motoren versagt oder waren in Brand geraten.
Die restlichen Unglücksfälle waren auf verschiedene andere Ursachen zurückzuführen.
Ein recht ungewöhnlicher Unfall ereignete sich auf dem Flugplatz von Hethel bald nach dem Ende des Krieges: als ein Pilot eine unbewaffnete Spitfire starten wollte, kam es plötzlich zu einer heftigen Explosion und die Maschine ging in Flammen auf. Der Pilot erlitt Brandwunden, kam aber aus der Maschine heraus. Während er noch völlig verdutzt neben der Spitfire stand, brannte das Flugzeug auf dem Boden total aus. Das war eine Angelegenheit für uns!
Als wir das Wrack besichtigten, fiel uns zunächst einmal auf, daß die rechte Tragflächenvorderkante vollständig fehlte und die Beplankung der Tragfläche stark nach hinten aufgebogen war. Hier hatte sich offenbar die Explosion ereignet. Dies war recht überraschend, weil die »Mark XVI« – um eine solche handelte es sich bei der ausgebrannten Maschine – vorne in der rechten Tragfläche keinen Kraftstofftank besaß. Das Rätsel löste sich jedoch schon bald: wir konnten von der Explosionsstelle ausgehend einen schmalen rußigen Rauchstreifen verfolgen, der sich bis zu den Auspufftöpfen an der Seite des Motors hinzog. Das war es: der Tankeinfüllstutzen befand sich oben auf der Rumpfverkleidung vor der Kabinenfrontscheibe. Und hier war ein Mann vom Bodenpersonal beim Tanken offenbar so unachtsam vorgegangen, daß der Kraftstoff überlief und sich entlang der Motorverkleidung bis auf die rechte Tragfläche ergoß, wo er schließlich auch hinter die Bleche der Flügelvorderkante sickerte. Als der Pilot dann den Motor startete, entzündete sich das hochexplosive Benzin-Luftgemisch hinter der Tragflächenbeplankung und explodierte sofort!
Später sahen wir uns auf dem Platz näher um und stellten dabei fest, daß bei mehreren anderen Spitfire ähnliches geschehen war: auch dort war übergelaufener Kraftstoff in den Hohlraum hinter den Tragflächenblechen geraten. Hätte man versucht, diese Maschinen zu starten, wären auch sie ohne Zweifel gleich beim Starten ausgebrannt.
Ein oder zwei ernste Unglücksfälle und auch einige zum Glück glimpflich verlaufene Zwischenfälle ereigneten sich auch im Zusammenhang mit den leichten Kunststoffsitzen, mit denen manche Spitfire ausgerüstet waren. Das Problem lag darin, daß diese Sitze einfach nicht widerstandsfähig genug waren. Wenn zum Beispiel ein schwerer Pilot in der Maschine saß und die Spitfire so flog, daß ihn die Schwerkraft stark in den Sitz preßte, konnte es vorkommen, daß der Kunststoffsitz einfach zusammenbrach. Dann saß der Pilot auf den Trümmern. Und diese wieder drückten genau auf die Kabelzüge des Höhenleitwerks, die unter dem Sitz am Kabinenboden entlang verliefen... Die Kunststoffsitze wurden bald aus der Produktion genommen.
Wie ich schon berichtet habe, untersuchte unsere Dienststelle 121 Flugunfälle mit der Spitfire während des Krieges und weitere neun in der Zeit danach. Nicht immer ließen sich die Unfallursachen in die Kategorien einordnen, die ich zuvor aufgezählt habe. Es kam zum Beispiel

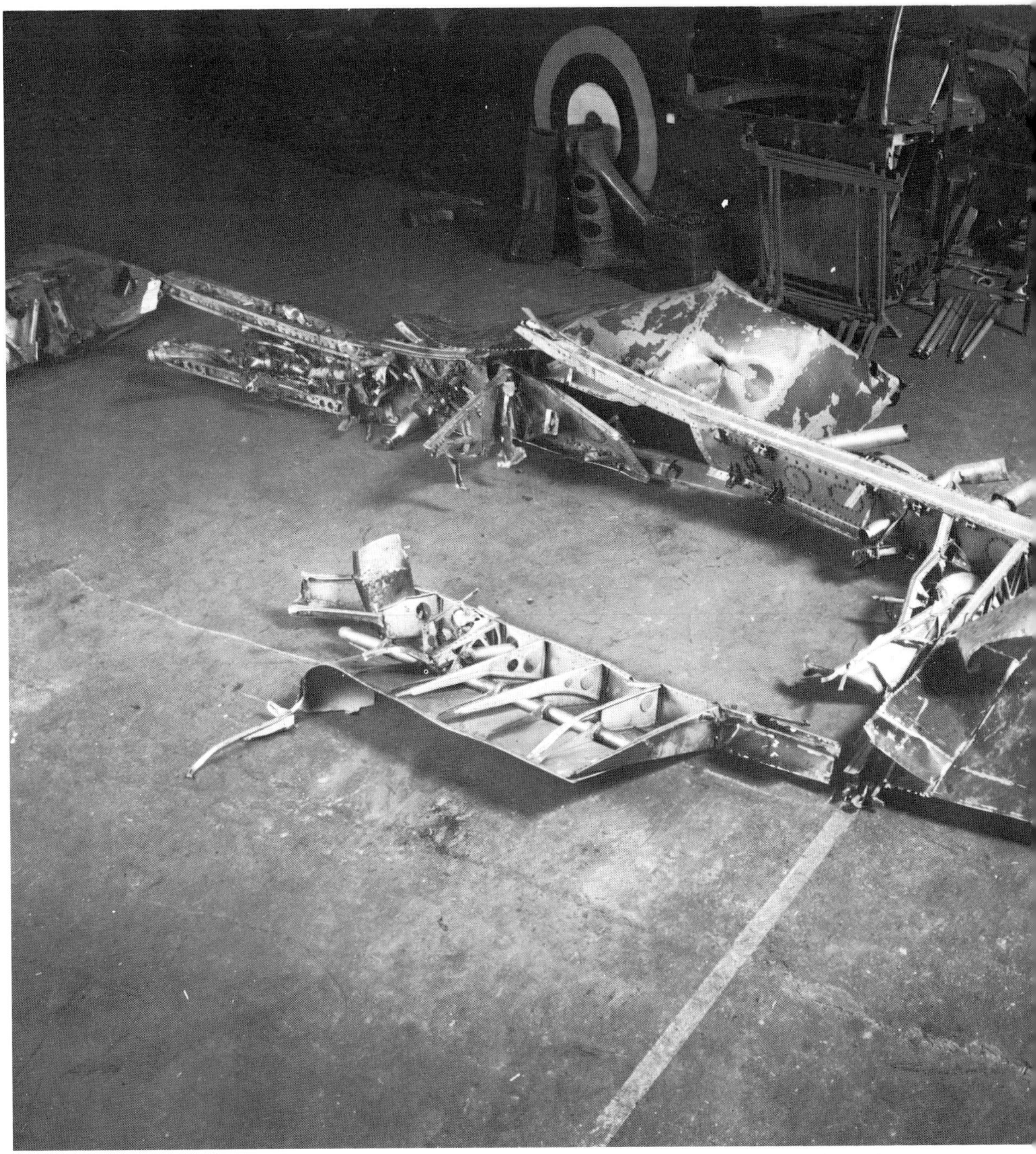

Wenn Trümmer erzählen könnten... Die Aufnahme zeigt die Reste der Tragfläche einer im März 1941 im Fluge zerbrochenen Spitfire II (Zulassung: X 4421). Für die erfahrenen Experten der »Accidents Investigation Branch« ließ sich auch aus dem scheinbaren Chaos einiges erkennen: der Flächenholm ist in der Nähe der Flächenwurzel nach oben aufgebogen, eine überaus charakteristische Verformung. Der untere Teil des Holmes hat offenbar einer überstarken Spannung nicht standgehalten und ist gerissen. Aus der Art der Beschädigung läßt sich schließen, daß die Höhenruder bei hoher Geschwindigkeit zu abrupt betätigt wurden. Hierdurch entstand eine Belastung, der die Flächenkonstruktion nicht gewachsen war. Die übrigen an der Fläche erkennbaren Beschädigungen traten dann während des Zerbrechens der Fläche in der Luft und teilweise auch beim Aufschlagen auf dem Boden ein.

vor, daß ein Pilot in einer dichten Wolkenbank die Herrschaft über die Maschine verlor und das Flugzeug dann infolge eines technischen Gebrechens – beispielsweise eines Querruderdefekts oder dergleichen – verlorenging. In einem solchen Falle gab es also mehrere Unfallursachen.
Es liegt in der Natur meiner beruflichen Aufgabe, daß ich mich nur mit den Fehlern und Mängeln eines Flugzeuges beschäftige; wenn eine Maschine sicher ist, hat sie mich dagegen nicht zu interessieren. Wie sicher aber war nun die Spitfire? Ich glaube, daß hier die Zahlen allein schon ausreichend für sich sprechen: mehr als 22000 Spitfire wurden insgesamt produziert; unsere Dienststelle aber hatte nicht mehr als 130 Unfälle mit Spitfire zu untersuchen. Und selbst diese verhältnismäßig wenigen Unglücksfälle waren nicht immer auf technische Gebrechen an den Maschinen selber zurückzuführen. Wenn man bedenkt, daß die Spitfire nicht irgendein kleines und gutmütiges Schulflugzeug war, sondern ein echter »Vollblütler«, eine der besten Jagdmaschinen der Welt überhaupt, so kann man wohl mit gutem Recht sagen, daß sie ein ungewöhnlich sicheres Flugzeug war.«
Obwohl sich Eric Newton und auch viele andere Konstrukteure wirklich mit Erfolg um die Flugsicherheit der Spitfire bemühten, war es doch tatsächlich leider so, daß sehr viele Abstürze von Spitfire nicht auf Feindeinwirkung, sondern ganz einfach auf fliegerische Fehler der Piloten zurückzuführen waren. Genauere Untersuchungen lohnten in solchen Fällen nicht – die Ursachen lagen einfach im Unvermögen der betreffenden Flieger. Das war natürlich auch oft genug auf die mangelhafte und überhastete Ausbildung zurückzuführen, mit welcher die Jagdflieger an die Front gingen und sich dort selber oft in fliegerische Situationen brachten, welche sie einfach nicht heil überstehen konnten.
Typisch für solche Zwischenfälle und zum Glück eher heiter als tragisch war eine Begebenheit, die sich damals mit zwei Seafire der Royal Canadian Navy (kanadische Kriegsmarine) ereignete. Verletzt wurde – außer vermutlich dem Stolz der Piloten – niemand. Die Geschichte zeigt, wie riskant Schlechtwetterflüge sein können und außerdem, wie dramatisch sich Mißverständnisse im besonderen auswirken können. Ich erzähle die Sache so, wie sie sich ereignet hat; die Namen allerdings habe ich geändert, um nicht neuerlich nach so vielen Jahren die Betroffenen zu blamieren.
Eines Tages flogen zwei Seafire entlang der ostkanadischen Küste nach Presque-Ile. Während des Fluges begann sich das Wetter allmählich stark zu verschlechtern und bald schon lag die Wolkenuntergrenze teilweise bei 150 Metern. Obwohl die Piloten die Bodenkontrolle auf dem Platz von Presque-Ile ständig anriefen, bekamen sie keinen Kontakt und mußten weiterfliegen, obgleich sie schon längst auf dem Flugplatz zum Auftanken landen hätten sollen. Die beiden Piloten blieben in der Luft, obwohl der Kraftstoff allmählich knapp wurde und sie wegen des fehlenden Kartenmaterials schon seit geraumer Zeit nicht mehr wußten, wo sie sich eigentlich befanden. Endlich entdeckten sie eine Stadt und konnten nach einigem Bemühen von einer Bahnhofstafel ablesen, daß es sich um Campbelltown in New Brunswick handeln mußte – das war immerhin etwa 180 Kilometer von Presque-Ile entfernt! Die beiden Flieger blieben nun in der Nähe der Küste und versuchten einen Flugplatz zu finden – die Zeit drängte, denn der Treibstoff wurde bereits recht knapp. Endlich entdeckten sie in der Nähe von Bathurst einige Hangars. Bei einem Überflug in geringer Höhe ließ sich fest-

stellen, daß auch eine – allerdings mit Eis und Schnee bedeckte – Landepiste vorhanden war. Ein ebenfalls sichtbarer Windsack konnte kaum als Landehilfe dienen, da er sich vollständig um den Befestigungsmast gewickelt hatte.
Nach dem Überflug fragte die »Nummer zwei« den Kameraden: »Wollen Sie zuerst landen oder soll ich?« Der Angerufene antwortete kurz und bündig: »Erstmal ich!« Die »Nummer zwei« aber hörte nur einen Teil des Spruchs und nahm an, der Kamerad gebe ihr die Landung frei. Die Folge des Mißverständnisses war, daß nun beide Piloten gleichzeitig mit dem Landeanflug begannen – genau aus entgegengesetzter Richtung! Die »Nummer zwei« beschreibt, was dann weiter geschah: »Ich kam normal im Landeanflug in 120 Meter Höhe und mit 80 km/h über der Landebahn herein. Als ich die Maschine gleich zu Anfang der Piste aufgesetzt hatte und spürte, daß ich die Seafire unter Kontrolle hatte, rief ich meine »Nummer eins« über Sprechfunk an: »Ich glaube, jetzt habe ich es geschafft! Ich war ziemlich erleichtert – und stieß im nächsten Augenblick mit der entgegenkommenden Maschine des Kameraden zusammen...«

Beide Seafire wurden durch die Wucht des Anpralls um 180° herumgedreht und gleichzeitig riß an jeder der beiden Maschinen die linke Tragfläche ab. Der »Nummer eins« ging es nicht besser als dem Rottenflieger: »Ich setzte etwa auf halber Länge der Landepiste auf. Als ich schon ausrollte, hörte ich die »Nummer zwei« noch sagen: »Ich glaube, jetzt habe ich es geschafft!« Im nächsten Augenblick kollidierten wir frontal...«

Links: Drei Seafire Mark 47 der 800. Squadron im Flug. Die 800. Squadron war die letzte Einsatzeinheit der Fleet Air Arm (Marineluftwaffe), welche noch Seafire flog. Die gegenläufigen Propeller und ausgefahrenen Fanghaken an den Rumpfenden sind deutlich erkennbar. Während der Anfangsphase des Koreakrieges flogen mit Raketen bewaffnete Seafire vom britischen Flugzeugträger HMS »Triumph« aus Einsätze über Feindgebiet und zur Sicherung der alliierten Flottenverbände. Im November 1950 kehrte die »Triumph« nach England zurück, und die 800. Squadron wurde aufgelöst. Damit schied die Seafire endgültig aus dem Aktivdienst der Royal Navy.

Oben: Der letzte mit Spitfire ausgerüstete Einsatzverband war die in Hongkong stationierte 80. Squadron, welche ihre Maschinen bis zum Januar 1952 behielt. Die Aufnahme zeigt eine der Maschinen der Squadron auf dem Flugplatz von Kai Tak. Interessant sind die zu Beginn des Koreakrieges an den Tragflächen aufgemalten schwarzweißen Streifen.

Juli 1950: Spitfire 22 der 610., 611. und 613. Squadron der Royal Auxiliary Air Force (britische Reserveluftwaffe) unter Führung von Squadron Leader J. B. Wales im Fluge über Farnborough. Um diese Zeit wurden die noch verbliebenen Spitfire aus den Einsatzverbänden genommen und im Verlauf von wenigen Monaten zur Gänze durch Düsenflugzeuge ersetzt.

Letzte Einsätze

Unten: Ab dem Beginn der militärischen Auseinandersetzungen in Malaya bis zum Frühjahr 1954 flogen die Spitfire XIX der 81. Squadron Einsätze als Fotoaufklärer. Den letzten Einsatz der Spitfire überhaupt flog eine Maschine dieses Verbandes am 1. April 1954 – das war beinahe 20 Jahre nach dem Beginn der ersten Konstruktionsarbeit an der Spitfire durch Reginald Mitchell. Auf dem Bild rollt eine Maschine der 81. Squadron zum Start. Im Hintergrund eine Meteor PR 10. Dieser Typ löste bei der 81. Squadron die letzten im Einsatz verbliebenen Spitfire ab.

Links: Bei den Luftstreitkräften verschiedener Staaten blieben Spitfire noch während der ganzen Fünfzigerjahre für verschiedene Aufgaben im Einsatz. Die auf dem Bilde sichtbare schwarze »Mark IX« war das persönliche Flugzeug von Brigadier Ezer Weitzmann, dem Stabchef der israelischen Luftwaffe. Die Maschine im Vordergrund ist eine Super Mystère.

Der letzte Akt

Im Jahre 1963 wurde eine der letzten noch flugbereiten Spitfire in einem Scheinluftkampf gegen eine moderne Lightning geflogen. Warum die Spitfire gegen ein mit doppelter Schallgeschwindigkeit fliegendes modernes Jagdflugzeug »antreten« mußte, schildert der folgende Bericht von Vice Air Marshal John Nicholls:

6. Juni 1969: Auf der RAF Basis von Coltishall machen sich zwei Spitfire der »Battle of Britain Flight« startfertig. Die Maschinen überflogen zur Erinnerung an den fünfundzwanzigsten Jahrestag der Invasion 1944 das Gebiet der Normandie.

Im Jahre 1963 befehligte ich als Wing Commander die »Air Fighting Development Squadron«, den Nachfolgeverband der früheren »Air Fighting Development Unit«. Die Einheit gehörte zum »Central Fighter Establishment« (CFE) in Binbrook. Das CFE verfügte damals über eine Spitfire XIX, die man ursprünglich als Dekorationsstück vor dem Haupttor des Fliegerhorstes aufstellen wollte, dann aber doch im flugbereiten Zustand belassen hatte.

Im Jahre 1963 kam es zu militärischen Auseinandersetzungen in Indonesien, und da die indonesische Luftwaffe über zahlreiche amerikanische P. 51 Mustang Propellerjäger verfügte, wollten wir feststellen, wie sich die superschnelle Lightning bei einem möglichen Luftkampf am geschicktesten verhalten sollte. Die RAF selber verfügte nicht mehr über Flugzeuge vom Typ Mustang, aber zum Glück hatten wir damals noch in Binbrook die flugbereite Spitfire, welche in vielen Beziehungen ähnliche Flugleistungen aufwies wie die P. 51. Was lag also näher, als die »Spit« in einem »Luftkampf« praktisch gegen die Lightning zu erproben. »Urgroßvater« gegen »Urenkel« – man konnte sich auf ein interessantes Schauspiel gefaßt machen... Natürlich war es von Anfang an klar, daß die Lightning um annähernd 1600 km/h schneller sein mußte als die Spitfire – um das festzustellen, hätten wir kein Vergleichsfliegen durchzuführen brauchen. Wesentlich interessanter war dagegen der Umstand, daß die Infrarotsuchköpfe von Raketen auf Propellerflugzeuge – besonders beim Angriff von hinten her – kaum richtig ansprachen. Das bedeutete wahrscheinlich, daß die Lightning die indonesischen Mustang mit ihren Bordkanonen angreifen mußten, um den Gegner wirklich verläßlich zu treffen. Die hohe Geschwindigkeit der Lightning konnte sich in diesem Zusammen-

hang recht nachteilig auswirken, weil sie das genaue Zielen erheblich erschwerte. Andererseits war es wieder gefährlich, die Lightning mit zu geringer Geschwindigkeit zu fliegen, da sie in diesem Falle von der wesentlich wendigeren Mustang unter Umständen glatt abgeschossen werden konnte. Alle diese Erkenntnisse waren nicht neu, denn wir kannten sie längst aus Scheinluftkämpfen zwischen Lightning und den ebenfalls wesentlich langsameren Hunter. Eine weitere Möglichkeit bestand noch darin, daß die Spitfire – und selbstverständlich ebenso die Mustang – einfach ihren wesentlich engeren Kurvenradius ausnutzend rechtzeitig wendete und der angreifenden Lightning entgegenflog, denn dann bot die Propellermaschine ein überaus kleines Ziel und war sehr schwer zu treffen.

Wir entwickelten schließlich eine Angriffstaktik, die mit allen Erfahrungen, wie ich sie beispielsweise auch selber im Koreakrieg gesammelt hatte, vollständig im Widerspruch stand. Fast immer ist im Jägerkampf jener Pilot im Vorteil, der mit seiner Maschine den Gegner aus der Überhöhung »anspringen« kann. Dieser Grundsatz verlor nun aber plötzlich seine Gültigkeit: da die Lightning über ein phänomenales Steigvermögen verfügte, mußte sie den Gegner zu unterfliegen trachten und ihn dann von unten her von hinten kommend anzugreifen versuchen. Das brachte wesentliche Vorteile: nach hinten unten hatte der Spitfire Pilot ziemlich schlechte Sicht, was der Lightning die Chance zum Überraschungsangriff bot, und außerdem sprachen die Suchköpfe der Infrarotraketen aus dieser Richtung verhältnismäßig gut an.

Wenn die Lightning den Gegner nicht im ersten Anflug erledigte, konnte sie den Steigflug beibehalten – die Spitfire konnte ihr wegen ihrer geringeren Flugleistung ja ohnehin nicht folgen – und dann in sicherer Entfernung wieder tiefer gehen und den Gegner erneut von unten her angreifen. Das war zweifellos die beste Taktik – und auch, wenn der Pilot in der Propellermaschine sein Geschäft ausgezeichnet verstand, war er auf diese Weise eindeutig im Nachteil.

Ich bin ziemlich sicher, daß die Flugversuche, die wir damals in Binbrook durchführten, wohl die letzten »Einsätze« waren, welche mit der Spitfire geflogen worden sind.

Schwanengesang

Von M. Maffre

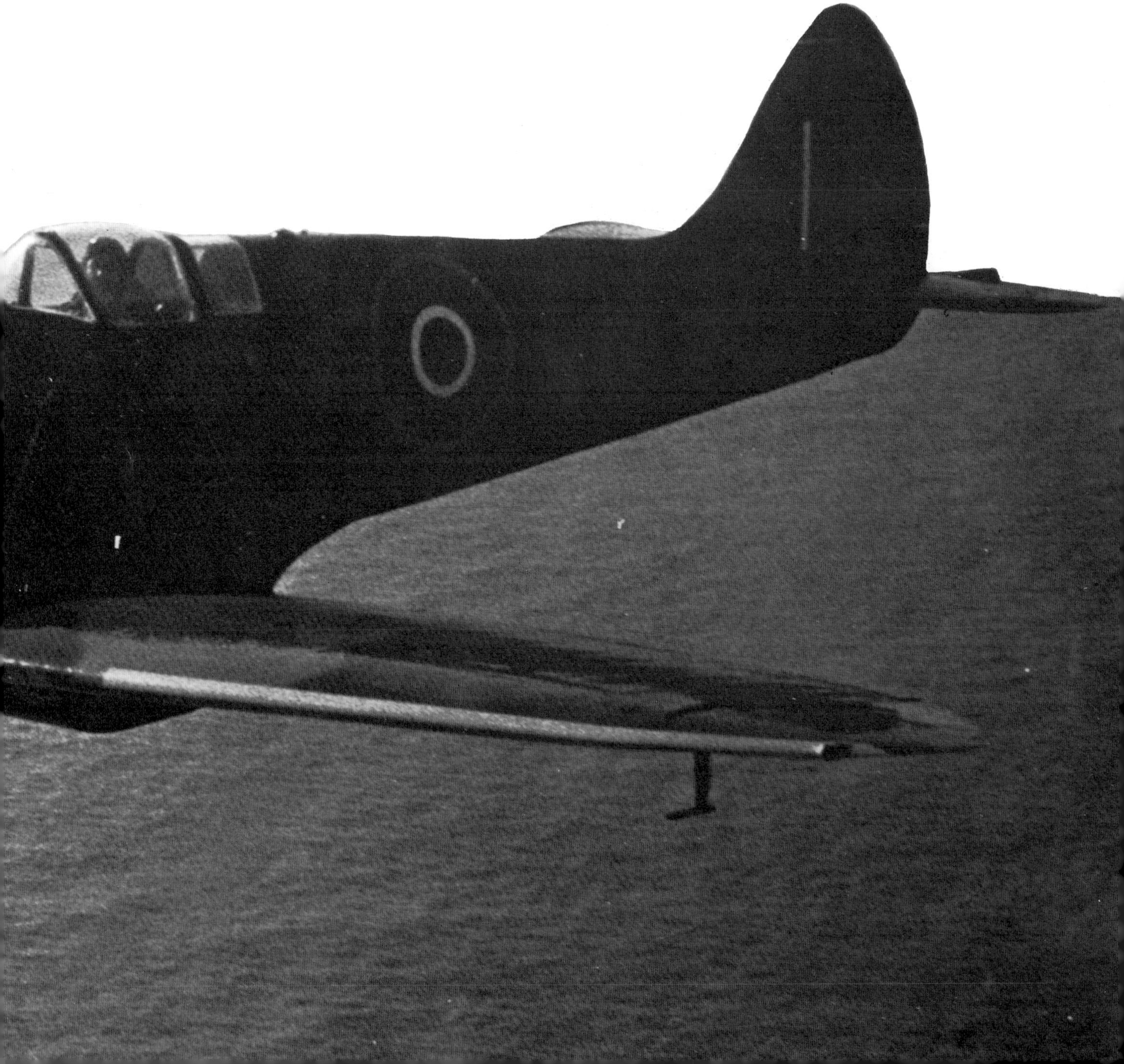